C. W. LEADBEATER

Le côté caché des Choses

(Traduit de l'Anglais).

Tome II

PARIS

1928

Le côté caché des Choses

C. W. LEADBEATER

Le côté caché des Choses

(Traduit de l'Anglais).

Tome II

EDITIONS

PARIS

1928

TABLE DES MATIÈRES

TOME II

3e Section

COMMENT NOUS NOUS INFLUENÇONS NOUS-MÊMES

4e Section

COMMENT NOUS INFLUENÇONS LES AUTRES

LE COTÉ CACHÉ DES CHOSES

CHAPITRE XIV

PAR NOS HABITUDES

NOURRITURE

Une sentence attribuée au Christ, lui fait dire que ce n'est pas ce qui entre par la bouche de l'homme qui souille réellement, mais ce qui en sort. Que le Christ ait prononcé ces mots ou non, il est cependant certain qu'un homme est véritablement souillé par ce qu'il introduit dans son corps par sa bouche.

La nourriture que nous absorbons entre dans notre corps et devient réellement partie de nous-mêmes; il est donc évident que le magnétisme — c'est-à-dire l'influence des promiscuités dont elle est imprégnée — a pour nous une grande importance. Sa pureté physique, sa pureté magnétique importent également, et pourtant, bien des gens négligent l'une ou l'autre. Aux Indes, par exemple, on attache un grand prix à la pureté magnétique; personne ne toucherait à un mets qui aurait subi le magnétisme d'un homme d'une caste inférieure. Par contre, on y est bien moins soigneux qu'en Occident de la propreté physique des préparations, oubliant que rien de ce qui est physiquement malpropre ne saurait être magnétiquement pur. Nous autres Occidentaux, bien que très minutieux quant à la propreté physique, nous ne nous inquiétons jamais de la pureté magnétique.

Ce qui influe fortement sur le magnétisme de la nourriture, c'est qu'au cours de sa préparation, elle est longuement manipulée par la cuisinière. Or, le magnétisme inhérent à l'homme s'échappant abondamment par ses mains, la nourriture ainsi touchée sera forcément très chargée de son magnétisme. Il en est surtout ainsi pour la pâtisserie et le pain, qui sont pétris à main d'homme dans les pays trop arriérés encore pour connaître l'emploi de la mécanique. Toute la pâte ainsi pétrie serait absolument impropre à la consommation sans l'effet du feu qui, dans la cuisson, enlève heureusement les traces de presque tous les genres de magnétisme physique. Il est néanmoins très à souhaiter que la cuisinière manipule le moins possible la nourriture, et que pour cuire et servir tous les mets on n'emploie que des ustensiles, cuillères comprises, facilement démagnétisables et tenus avec la plus rigoureuse propreté.

Afin d'éviter dans la mesure du possible le mélange des magnétismes, beaucoup d'occultistes débutants exigent d'avoir leur tasse et leur cuillère personnelles. Mme Blavatsky le conseillait fortement, disant que dans le cas où la chose était impossible on devait du moins les démagnétiser avant chaque repas. L'homme ordinaire n'attache aucune importance à cela, mais l'étudiant en occultisme qui essaie d'entrer dans le Sentier doit être plus soigneux. On peut démagnétiser la nourriture par un grand effort de volonté, et lorsqu'on a un peu de pratique, un simple geste ondulatoire de la main, joint à une forte pensée, suffit à le faire presque instantanément. Mais il faut se souvenir que la démagnétisation n'enlève ni la saleté physique, ni sa contrepartie astrale, bien qu'elle puisse enlever d'autres influences de même ordre, aussi faut-il user d'une propreté méticuleuse dans les préparations culinaires.

La nourriture absorbe également le magnétisme de ceux qui nous entourent lorsque nous prenons nos repas. Pour cette raison l'Hindou préfère manger seul, et, pour ce faire, ne veut pas être vu par quelqu'un d'une caste inférieure à la sienne. L'échange qui s'établit entre la foule des inconnus qui fréquentent un restaurant est toujours peu désirable et on doit l'éviter autant qu'il se peut. Le magnétisme des membres de la famille est souvent plus sympathique; on y est en tout cas accoutumé et il nous sera probablement beaucoup moins nocif que l'intrusion soudaine d'une combinaison de vibrations tout à fait étrangères, dont la plupart seraient sans doute en complète désharmonie avec les nôtres.

Tout aliment, cependant, contient deux genres de magnétisme, l'un externe, l'autre interne. Le premier tient à sa qualité propre, l'autre lui est transmis du dehors. Le magnétisme du marchand qui l'a vendu et celui de la cuisinière, appartiennent à la seconde catégorie et peuvent en conséquence se dissiper sous l'action du feu. Mais le magnétisme inhérent à l'aliment ne subit aucunement cette action. La cuisson, quel qu'en soit le degré, ne peut enlever à la chair morte le caractère blâmable en soi qui lui est inhérent, ni les sentiments de souffrance, d'épouvante et de haine dont elle est saturée. Une personne qui verrait le magnétisme et les vibrations qu'elle développe ne pourrait plus jamais manger de viande.

LES LIQUEURS INTOXICANTES

D'ailleurs, la plupart des ignorants se verraient contraints de renoncer sur le champ à leurs habitudes perverses s'ils pouvaient voir le côté caché de leurs abus égoïstes. Même les spécimens peu développés de l'humanité qui s'attroupent autour du comptoir d'un cabaret, reculeraient avec horreur s'ils pouvaient voir quelle classe d'entités les environne — les types les plus bas et les plus brutaux d'une évolution rudimentaire, excroissances agrandies, boursouflées, livides, d'une indescriptible horreur; et bien pire que tout cela, parce qu'elles sont la dégradation de quelque chose qui devrait être tellement mieux, sont les foules affreuses des ivres-morts, déchets de l'humanité, qui ont noyé la divine image dans les profondeurs d'épouvantables débauches, et maintenant se groupent autour de leurs successeurs, non seulement les excitant, par de hideuses œillades et des rires moqueurs à de plus sauvages orgies, mais pleins eux-mêmes d'une détestable convoitise, redoutable à observer.

Tout ceci sans préjudice de la détérioration apportée

au corps mental et astral par l'habitude de ces liqueurs qui enivrent.

Celui qui cherche à justifier ses ignobles appétits affirme souvent que les aliments et la boisson appartenant comme ils le font, purement au monde physique, ne peuvent avoir que de faibles effets sur le développement intérieur de l'homme. Cette déclaration n'a évidemment pas le sens commun, car la matière physique, en l'homme, est très étroitement liée à la matière astrale et mentale, tellement que chacune est, dans une large mesure, la contrepartie de l'autre; de sorte que la rudesse et la grossièreté dans le corps physique impliquent une condition similaire dans les véhicules plus élevés.

Les types et degrés de densité de matière astrale sont nombreux, ainsi il est possible à un homme d'avoir un corps astral construit de particules extrêmement rudes et grossières, pendant qu'un autre peut en avoir un beaucoup plus délicat et plus raffiné. Le corps astral étant le véhicule des émotions et des passions, il s'ensuit qu'un homme dont le corps astral est du type le plus grossier, sera justiciable des plus basses et brutales variétés de passion et d'émotion; tandis qu'un homme dont le corps astral est plus beau vibrera plus immédiatement en réponse à des aspirations et émotions plus hautes et plus raffinées.

De sorte que celui qui bâtit pour lui-même un corps physique impur et grossier se bâtit en même temps un rude et impur corps astral et mental. Cet effet est visible sur-le-champ, à l'œil du clairvoyant exercé, et il distinguera promptement un homme qui nourrit son corps physique avec des aliments purs, d'un autre qui le contamine par des boissons excitantes ou de la chair tuée.

Il est hors de question que le devoir d'un homme est de développer tous ses véhicules autant qu'il est possible, afin d'en faire de parfaits instruments à l'usage de l'âme, qui en elle-même s'exerce à devenir un instrument convenable entre les mains de la divinité Solaire, et un canal parfait pour le divin amour. Le premier pas vers ceci est que l'homme apprenne complètement à contrôler les corps inférieurs, de telle sorte qu'il ne puisse plus y avoir en eux de pensées ou de sentiments, que ceux qu'il approuve.

Tous ces véhicules doivent, pour cela, être purs et propres, et nets de toute flétrissure; or il est évident que ceci ne peut être, tant que l'homme introduit dans son corps physique d'indésirables constituants. Si le véhicule physique et ses sens de perception ne peuvent arriver à leur meilleure forme que si l'alimentation est pure, la même chose est vraie, dans une mesure bien plus large encore, pour ce qui regarde les corps plus élevés. Leurs sens non plus ne peuvent être clairs, si une matière impure ou grossière est versée en eux; toute chose de cette nature les entrave et les émousse, de sorte qu'il devient beaucoup plus difficile pour l'âme de les utiliser. S'adonner à l'alcool ou à l'alimentation carnée est absolument fatal à tout réel développement, et ceux qui adoptent ces habitudes mettent de sérieuses et tout à fait inutiles difficultés sur leur propre chemin.

L'effet pendant la vie physique n'est pas le seul point à garder dans son esprit au sujet de ces choses. Si en introduisant dans son corps physique des particules impures, l'homme se construit un corps astral inconvenant et malpropre, nous ne devons pas oublier que c'est dans ce véhicule dégradé qu'il devra passer la première partie de sa vie après la mort. Juste comme ici sur la terre, sa grossièreté attire l'association de toutes sortes d'indésirables entités qui, tels des parasites, font de ses véhicules leur demeure et trouvent en lui réponse à leurs plus basses passions; ainsi, il souffrira de façon aiguë, de semblables compagnons après la mort, et du résultat dans la vie astrale des conditions qu'il aura fait naître ici-bas.

L'ALIMENTATION CARNÉE

Tout ceci ne s'applique pas seulement à l'abus des liqueurs excitantes, mais aussi à la pratique si répandue de se nourrir de cadavres. Cette habitude comme l'autre a des effets qui lui sont conséquents. D'ailleurs, la plupart des ignorants se verraient contraints de renoncer sur-le-champ à leurs habitudes perverses s'ils pouvaient voir le côté caché de leurs abus égoïstes.

L'habitude généralisée de se repaître de cadavres attire vers ceux qui s'y livrent des entités indésirables de tous genres, aux hideuses bouches rouges et béantes, semblables à celles qui se réunissent autour des abattoirs pour absorber l'arome du sang. S'il est pour le clairvoyant un spectacle aussi étrange que pitoyable, c'est celui d'une femme élégante, se croyant raffinée et cultivée (elle ne l'est pas en réalité, sinon elle ne se trouverait pas en pareil lieu) dans la boucherie où elle est entrée pour examiner des cadavres, victimes de la lutte incessante que l'homme, poussé par ses appétits féroces et sanguinaires, livre à la vie divine incarnée dans le règne animal. Cette dame s'y trouve entourée d'un essaim de ces formes étranges, semblables à celles des cauchemars; et elle ne se doute guère que le temps viendra où ceux qui prêtent leur appui à cet inutile massacre dont la tache sanglante souille les annales de l'humanité, ceux qui rendent possible cette hécatombe de formes à travers lesquelles le Logos essaie avec patience de se manifester, se trouveront un jour face à face avec sa Majesté ineffable, et entendront de la Voix qui appela les mondes à l'existence, ces paroles terribles : *Ce que vous avez fait à l'un de mes petits, c'est à Moi que vous l'avez fait!*

Certainement, il est temps, avec toute notre avance surfaite, que cette vile tache sur notre soi-disant civilisation disparaisse. Même si c'était uniquement pour des raisons égoïstes, pour le seul soin de nos propres intérêts, il devrait en être ainsi. Rappelons que chacune de ces créatures massacrées est un être défini — *non une individualité permanente réincarnant* — mais tout de même une entité qui a sa vie dans le monde astral. Rappelons que chacune d'elles reste là pendant un temps considérable pour déverser un sentiment d'indignation et d'horreur relatif à toute l'injustice et à tous les tourments qui leur ont été infligés; peut-être de cette manière sera-t-il possible de réaliser faiblement un peu de l'atmosphère terrible qui plane au-dessus d'un abattoir et d'une boucherie, et aussi comment tout cela réagit sur la race humaine.

Ces horreurs réagissent plus violemment sur ceux qui sont le moins aptes à leur résister : les enfants, petits êtres plus délicats et plus sensitifs que les adultes endurcis; aussi il y a pour eux dans l'air de constants sentiments de terreur sans cause : terreur de l'obscurité, ou de se trouver seuls pendant quelques instants. De terribles forces d'une vigueur redoutable, que seul peut comprendre l'étudiant de l'occultisme, sont sans cesse en activité autour de nous. L'ensemble de la création est si étroitement solidaire que nous ne pouvons pas accomplir ainsi l'horrible massacre de nos plus jeunes frères sans que l'effet s'en fasse sentir sur nos propres innocents enfants.

Ce qui rend surtout la chose lamentable, c'est que cette dame soit capable de supporter cela; que par l'habitude qu'avaient ses ancêtres de cette affreuse nourriture, ses divers véhicules soient devenus ou demeurés capables de séjourner au milieu de ces cadavres sanglants sans en être écœurée et qu'elle puisse subir en complète inconscience la promiscuité de ces hideuses créatures astrales. Si l'on amenait en pareil lieu un homme qui ne se serait jamais souillé de cette nourriture corrompue, nul doute qu'il ne se détourne avec horreur de ces amas sanglants sur le plan physique, tandis qu'il se sentirait oppressé par les entités malignes et agressives qui y foisonnent en pleine activité. Et pourtant nous assistons là au triste spectacle d'une dame qui devrait être, de par sa naissance, délicate et sensitive, mais dont la fibre astrale et physique est devenue si grossière qu'elle ne pressent même pas les horreurs visibles et invisibles qui l'entourent.

Ce qui est également fort triste, c'est de penser à tous les maux qu'on attire sur sa tête par ces habitudes pernicieuses auxquelles il serait si facile de se soustraire. En vérité, l'homme n'éprouve aucun besoin réel de viande ni d'alcool. La véritable connaissance qu'est l'occultisme répète sur tous les tons qu'il vaudrait mieux s'en passer. Et dans ce cas les meilleurs arguments sont vraiment d'un seul côté; et tout ce que l'on peut dire à son encontre se réduit à ceci : « Je veux faire ces horribles choses, parce que je les aime! »

En ce qui concerne la nourriture carnée, par exemple, il est hors de doute que : 1° les légumes bien choisis contiennent plus d'éléments nutritifs qu'une égale quantité de chair morte; 2° beaucoup de sérieuses maladies viennent de cette habitude dégoûtante de manger des corps morts; 3° l'homme n'est pas naturellement fait pour être carnivore, et, à cause de cela, cette abominable nourriture ne lui convient pas; 4° les hommes se trouvent plus forts et mieux du régime végétarien; 5° l'habitude de se nourrir de corps morts conduit à celle de s'adonner à la boisson et accroît en l'homme les passions bestiales; 6° le régime végétarien est de toutes manières moins dispendieux en même temps que préférable à la viande; 7° un certain nombre d'ares de terre voué à la culture du blé peut subvenir aux besoins d'une plus grande quantité d'hommes que la même superficie de terre laissée en pâturages; 8° le premier cas fournit un sain travail sur la terre à beaucoup plus d'hommes que le dernier; 9° ceux qui mangent de la viande sont responsables de la faute et de la dégradation des bouchers; 10° la nourriture carnée est fatale au réel développement et produit sur les corps astrals et mentals les plus fâcheux résultats; 11° le devoir de l'homme envers le règne animal n'est pas de le tuer insoucieusement, mais de l'assister dans son évolution.

Ce genre d'aliments n'est vraiment nécessaire à personne; on n'en use que pour la satisfaction de ses goûts égoïstes. Il est vrai que la plupart des hommes agissent ainsi dans l'ignorance du mal qu'ils font, auquel cas ce n'est qu'une erreur; mais qu'on se souvienne que c'est un crime lorsqu'on sait la vérité. Ces habitudes, bien que largement répandues, n'en sont pas moins pernicieuses, et, avec quelque effort, on peut s'en débarrasser, comme de toute autre habitude. Je les ai longuement combattues dans le livre intitulé *Echappées sur l'Occultisme,* ouvrage auquel je renvoie le lecteur qui ne connaîtrait pas encore suffisamment la question. Je parle là de ce que je sais, car je n'ai plus jamais bu d'alcool ni mangé de viande depuis le premier jour où j'entendis parler de végétarisme, il y a maintenant bientôt quarante ans (1), sans que ma santé physique même ait le moindrement périclité, tout au contraire.

LE TABAC

Une autre coutume très pernicieuse et très répandue est celle de fumer. Il en est de cette habitude comme de beaucoup d'autres; celui à qui l'on suggère de s'en débarrasser repousse le conseil en disant : « Il m'est agréable de fumer, pourquoi cesserais-je? » En ce qui regarde l'alimentation carnée, la réponse est claire : cette pratique est, non seulement préjudiciable à qui l'adopte, mais criminelle en raison de la cruauté qu'elle implique envers les animaux victimes. Regardant l'alcool, on peut aussi répondre péremptoirement : tout à fait en dehors de l'effet produit sur le buveur lui-même, le fait d'acheter ces liquides nuisibles encourage un commerce malfaisant, propage la demande de ces liqueurs qui sollicitent aux excès et mènent à leur propre destruction des milliers d'autres êtres; tout acheteur de spiritueux encourt donc une part de responsabilité à laquelle il ne peut échapper.

Vis-à-vis du tabac, la situation est différente, car le tabac s'obtient sans cruauté et ne détruit pas de vies humaines. L'argument peut sembler bon si le fumeur se résigne à vivre absolument hors de tout contact avec ses compagnons et n'a aucun désir de progresser dans la voie occulte. Mais si, n'étant pas ermite, il est tenu, ne fut-ce que rarement à vivre parmi ses compagnons, il n'a pas le droit de leur être nuisible. Evidemment, beaucoup de gens imbibés eux-mêmes de ce poison, ne souffrent pas de l'odeur nauséabonde du tabac; mais tous ceux qui s'en sont gardés purs, savent quel dégoût soulèvent ses âcres émanations. Le fumeur ne se sou-

(1) L'auteur a plus de 80 ans actuellement (1928), et est en parfaite santé.

cie pas d'eux. Je l'ai dit ailleurs, fumer est la seule chose qu'un gentleman se permettra délibérément, même s'il sait que cela offense autour de lui; l'emprise de cette habitude est si forte, que ses esclaves sont totalement incapables de lui résister; leurs instincts de gentlemen même, sombrent dans cet égoïsme détestable.

Toute chose susceptible de produire un pareil effet sur le caractère d'un homme, est à éviter sagement. L'impureté du tabac est si grande et si pénétrante que le fumeur en est positivement imprégné, et offense au plus haut point l'odorat d'une personne qui n'en fait pas usage. Pour cette seule raison physique, celui qui vit en contact avec ses compagnons ne devrait pas se laisser aller à cette fâcheuse pratique; s'il le fait, il se stigmatise comme un être uniquement soucieux de son propre plaisir et décidé à le prendre en dépit du malaise qu'il inflige aux autres. Tout ceci en dehors des effets morbides que produit le tabac, et des diverses maladies : de la gorge, du cœur, cancer de la bouche, indigestions et autres, qu'il entraîne avec lui. Car il est reconnu que la nicotine est un poison mortel, et son effet, même si elle est absorbée en légère quantité, ne peut jamais être bon.

Pourquoi l'homme suit-il une coutume qui donne tant de mauvais résultats? Il n'y a aucune réponse à cela, sauf celle qu'il s'est entraîné à l'aimer, car on ne peut prétendre que fumer soit en aucune façon utile ou nécessaire. Je crois pourtant exact qu'en certaines circonstances cela calme les nerfs, c'est d'ailleurs une part atténuée des effets mortels de la nicotine comme poison; mais le même résultat pourrait être obtenu par d'autres moyens beaucoup moins répréhensibles.

Il est toujours funeste pour un homme de se laisser aller à une habitude dont il devient l'esclave, funeste pour lui, j'entends; et le mal est double quand cette habitude entraîne le mauvais Karma d'infliger aux autres un désagrément constant.

Aucun enfant n'aime naturellement le goût détestable du tabac, mais parce que ses aînés s'y sont habitués, il lutte laborieusement contre la nausée naturelle que cela lui donne au début — protestation de son jeune corps sain contre l'introduction de cette matière vénéneuse — il s'oblige ainsi graduellement à le supporter, et bientôt devient son esclave, comme ses aînés. Cela nuit à sa croissance et le conduit à de mauvaises fréquentations, mais qu'importe? Il a affirmé sa naissante virilité en se prouvant capable d'un vice « d'homme »! Je sais que souvent les parents interdisent à leurs enfants de fumer; peut-être s'ils leur donnaient eux-mêmes l'exemple de l'abstention, leurs sages conseils produiraient-ils plus d'effet. C'est une habitude entraînant de mauvais résultats qui pourraient si aisément être évités, il suffirait simplement de ne pas la contracter.

L'impureté qu'elle produit n'est pas seulement physique. On peut d'ailleurs prendre pour axiome que la saleté physique, quelle qu'en soit la sorte, implique la saleté astrale, la contre-partie de ce qui est impur ne pouvant elle-même être pure. De même que les vibrations nerveuses physiques sont amorties par le poison, le sont aussi les ondes astrales et mentales. Pour progresser dans la voie occulte, l'homme doit avoir tous ses véhicules aussi beaux, aussi forts que possible, prêts à répondre en sympathie à toute vibration; il lui est donc nuisible que ses vagues-pensées et son corps astral soient surchargés de particules nocives. Bien des gens pourtant, qui se donnent le nom d'étudiants, restent accrochés à cette habitude funeste et cherchent toutes sortes de faibles excuses pour couvrir le fait qu'ils n'ont pas la force de briser sa tyrannie, mais les faits restent les faits en cette matière; et tous ceux qui peuvent voir les effets de cette désastreuse coutume sur les véhicules supérieurs sont obligés de reconnaître qu'elle cause un mal très sérieux.

Son effet dans le monde astral après la mort est très remarquable. L'homme a tellement rempli son corps astral de poison, que celui-ci s'est raidi sous cette influence, est devenu incapable de travailler convenablement, et même de se mouvoir à son gré. Pendant une longue période, l'homme demeure comme paralysé, capable de parler mais privé de mouvement, et presque entièrement séparé des influences supérieures. Dans la suite des temps, quand la partie de son corps astral affectée par le poison s'est graduellement usée, l'homme émerge de cette désagréable passe.

LES NARCOTIQUES

La consommation de l'opium ou de la cocaïne, quoique beaucoup moins répandue, est aussi désastreuse, car, du point de vue occulte, elle est absolument fatale au progrès. Cependant, ces drogues sont parfois nécessaires pour calmer une grande douleur, on peut alors les utiliser, mais avec parcimonie, et il ne faut sous aucun prétexte s'y habituer. D'ailleurs, dès que l'opium a fait son œuvre sur le corps physique, celui qui sait, peut en effacer sur ses corps astral et mental les mauvais effets.

Presque toutes les drogues exercent une action délétère sur les véhicules supérieurs; aussi, doit-on s'en abstenir autant que possible. Il y a des cas définis où elles sont réellement le spécifique de certaines maladies; on les emploie alors, mais ces cas sont peu nombreux; le plus souvent, si l'ambiance est pure et saine, la nature elle-même travaille à une guérison rapide.

En ce qui regarde le traitement du corps, mieux vaut prévenir que guérir, et ceux qui vivent d'une façon rationnelle ont rarement besoin des services d'un médecin.

En toutes circonstances, on doit absolument éviter les sérums animaux, les produits obtenus par la vivisection ou reliés à celle-ci d'une façon quelconque.

Rappelons aussi que le thé et le café contiennent dans leur essence des drogues nommées respectivement théine et caféine qui sont pernicieuses; ces breuvages pris avec excès sont mauvais, spécialement pour les enfants. Pris avec modération, ils ne font évidemment pas grand mal, mais je pense que ceux qui peuvent s'en passer tout à fait sont les mieux avisés.

LA PROPRETÉ

Les médecins sont généralement d'accord sur la nécessité de la propreté physique, mais les exigences de l'occultisme à ce sujet sont plus strictes encore. Les déchets dont le corps se débarrasse constamment sous forme d'imperceptible transpiration sont éliminés parce qu'inutilisables et empoisonnés, et la contre-partie astrale et mentale de ces particules est du caractère le plus indésirable. La saleté est souvent plus inadmissible dans les plans supérieurs que dans le plan physique, et de même que dans celui-ci elle est, non seulement infecte en elle-même, mais engendre de dangereux microbes, dans les plans supérieurs elle attire de basses classes d'esprits de la nature d'une sorte distinctement préjudiciable à l'homme.

Pourtant, beaucoup de gens portent habituellement sur eux un véritable revêtement de saleté, ils s'assurent ainsi un déplaisant cortège de créatures astrales et éthériques.

Le bain complet chaque jour est par cela même une nécessité occulte plus encore qu'hygiénique, car la pureté d'esprit et de sentiment ne peut exister sans la pureté du corps. Les émanations physiques de la saleté sont déplaisantes, mais dans les mondes astrals et mentals elles sont délétères au dernier degré, dangereuses, non seulement à l'homme lui-même, mais aux autres. C'est à travers les pores du corps que le magnétisme d'une personne s'échappe, portant avec lui ce qui reste de la force vitale. Si ces pores sont obstrués de crasse, le magnétisme est empoisonné à sa sortie et produit un effet pernicieux sur les gens alentour.

Nous ne devons pas oublier que nous interchangeons constamment les particules de nos corps avec ceux qui nous environnent, et qu'ainsi nos corps ne sont pas notre propriété exclusive; nous ne devons pas les traiter comme bon nous semble et ce en raison du fait qu'ils influencent ceux de nos frères, les enfants de notre Père commun.

La compréhension de la plus élémentaire fraternité nous montre que nous avons envers les autres le devoir absolu de garder nos corps sains, purs et propres. Les émanations de la personne parfaitement propre portent la santé et la force, c'est pourquoi en nous épurant nous-mêmes nous aidons les autres.

L'HYGIÈNE OCCULTE

Cette radiation magnétique est surtout forte à l'extrémité des doigts et des orteils, aussi doit-on prodiguer à ces canaux d'influence des soins spéciaux, méticuleux, de propreté. Une personne peu soigneuse qui laisse la saleté s'accumuler sous ses ongles, déverse constamment par le bout de ses doigts quelque chose qui correspond dans le monde astral à un torrent de fétides eaux d'égout dans le monde physique; pour cette raison, son voisinage est excessivement désagréable à tout être sensitif, il nuit alors qu'il pourrait faire du bien.

Pour une raison analogue, il est désirable de prendre un soin spécial des pieds. Les chaussures ne devraient jamais être trop justes; on ne devrait jamais garder plus longtemps qu'il n'est nécessaire les épaisses et lourdes bottines de marche, mais les remplacer par quelque sandale souple et large. Il serait encore mieux, chaque fois que c'est possible, de laisser les pieds complètement découverts, ou, si on le juge impossible, d'employer sans bas ou chaussettes des sandales légères. Cette mode n'est guère praticable au dehors, en raison de l'horrible saleté de nos grandes villes, mais elle devrait l'être à la campagne, au bord de la mer, et partout à la maison. Ce serait plus sain, plus agréable physiquement, et correct du point de vue occulte. Mais tant que nous serons esclaves de la mode à un degré tel que quiconque vivrait et s'habillerait rationnellement passerait pour insensé, les gens n'auront jamais une force de volonté suffisante pour adopter les façons d'agir qui leur seraient les meilleures.

Du point de vue occulte, les soins de la tête sont aussi

de la plus grande importance; on doit la laisser découverte chaque fois que cela est possible. Le chapeau est un article d'habillement inutile. Les gens seraient beaucoup mieux sans chapeau; mais ici encore la folie de la mode contrecarre le bon sens. La sottise de porter un chapeau nous apparaît si nous reconnaissons que même par le froid le plus vif nous laissons le visage entièrement découvert, bien qu'il soit dépourvu de toute protection, alors que nous avons soin de mettre un poids considérable et malsain sur la partie supérieure de notre tête, déjà garantie par la nature de cheveux abondants. Et en supprimant de notre habillement, chapeau, chaussures, col, manchettes, bas, corset, tous articles, non seulement inutiles, mais dangereux, nous épargnerions beaucoup d'argent!

Mais jamais les gens ne consultent leur propre cerveau en pareil cas; ils imitent ce que font les autres, sans se douter que la liberté dont ils sont si fiers est un simple simulacre, puisqu'ils se sentent contraints de ne pas suivre leur raison, même dans une affaire aussi personnelle que le choix de leurs propres vêtements. Les générations futures, plus éclairées regarderont en arrière avec étonnement et pitié la laideur à laquelle cette servitude insensée nous condamne.

Une autre coutume inadmissible de notre civilisation moderne, est celle du coiffeur. N'est-il pas outrageant que nous soyons obligés de nous soumettre à avoir la tête manipulée pendant un quart d'heure ou plus par quelqu'un qui n'est pas habituellement d'un milieu très élevé, qui souvent sent de façon offensive le tabac, l'oignon ou la pommade, dont l'haleine nous frôle, qui nous ennuie de ses vains bavardages, et qui, surtout, a manipulé avant la nôtre, sans aucune purification intermédiaire, les têtes de quantité d'autres personnes? Nous souvenant du fait que la tête est précisément la partie du corps humain la plus vulnérable au magnétisme étranger déplaisant, et, d'autre part, que le magnétisme s'échappe surtout par les mains, nous voyons à l'instant quelle abomination particulièrement contraire à la science, est la coutume du coiffeur. Je ne veux pas dire que tout homme devrait laisser croître ses cheveux à leur pleine longueur; ceci regarde son goût particulier; mais je dis que la personne qui les lui coupe devrait être sa femme, ou sa mère, son frère ou sa sœur, ou tout au moins quelqu'un de sa famille, ou choisi parmi ses amis intimes, dont on puisse supposer enfin que le magnétisme est dans l'ensemble harmonieux et raisonnablement pur. Probablement, jusqu'à ce que nous ayons tous l'habileté que donne la pratique, les cheveux ne seront-ils pas aussi bien coupés que par un professionnel, mais nous serions mieux que dédommagés, étant libérés du mal de tête, des odeurs déplaisantes et des influences étrangères.

L'EXERCICE PHYSIQUE

Pour que sa réaction sur les véhicules supérieurs soit satisfaisante, le corps physique doit être soumis à un exercice régulier. Les docteurs nous disent que l'exercice est une des conditions de la santé; ce qui est vrai sur ce plan physique l'est peut-être plus complètement encore sur les plans supérieurs.

Non seulement des muscles qui ne travaillent pas se détériorent et s'affaiblissent, mais encore provoquent une concentration de magnétisme qui est un obstacle à la circulation régulière et vivifiante de ce fluide; et cela correspond dans le double éthérique à un point faible par lequel une influence hostile peut pénétrer aisément. Donc, celui qui garde son corps physique en bon état d'entraînement, garde aussi en bon ordre son corps éthérique.

Autrement dit, il est en premier lieu beaucoup moins exposé à la pénétration des mauvais germes tels que ceux de l'infection par exemple, et en second lieu, par réaction sur les corps astral et mental, il est garanti contre toutes pensées de dépression ou de passion bestiale. Nous voyons d'après cela que l'exercice physique régulier et approprié a, du point de vue occulte, une grande importance; en fait il est reconnu que tout ce qui est favorable à la santé du corps physique réagit favorablement sur les véhicules supérieurs.

LA LECTURE ET L'ÉTUDE

Il y a un côté occulte dans chaque acte de la vie journalière et, bien souvent, si nous connaissons ce côté occulte, nous accomplissons plus parfaitement et plus utilement ces actes journaliers. Prenons, par exemple, la lecture. On peut dire que nous lisons généralement dans deux buts : soit pour l'étude, soit pour l'amusement. Un clairvoyant observant une personne qui lit pour étudier est maintes fois surpris de voir combien peu le sens réel de ce qui est écrit pénètre dans l'esprit de celle-ci. Dans un livre d'étude écrit avec soin, chaque phrase ou chaque paragraphe contient habituellement un exposé très clair d'une certaine idée définie. L'idée se représente elle-même en une forme-pensée dont les contours ou les dimensions varient avec le sujet. Mais, qu'elle soit petite ou grande, simple ou compliquée, elle est du moins claire et définie dans son espèce. Elle est habituellement environnée de diverses formes subsidiaires qui sont l'expression de ses corollaires ou déductions nécessaires. Une image exacte de tout ceci qui est la forme-pensée de l'auteur, doit alors se construire dans l'esprit du lecteur, soit immédiatement, soit par degrés. Que les formes indiquant des corollaires puissent également apparaître, cela dépend de la nature de l'esprit de l'étudiant, selon qu'il est apte ou non à saisir rapidement en un instant ce qui découle d'une certaine idée.

En règle générale, un bon étudiant reproduira l'image de l'idée centrale très exactement, à l'instant même; et les images environnantes apparaîtront une à une à mesure que l'étudiant retourne sous toutes ses faces l'idée centrale dans son esprit. Mais, malheureusement, chez beaucoup de gens, l'idée centrale ne se représente pas bien. Moins développés mentalement, ils n'arrivent à en faire aucune réflexion claire, et créent une sorte de masse amorphe et incorrecte au lieu d'une figure géométrique. D'autres créent quelque chose d'à peu près reconnaissable quant à la forme, mais les arêtes et les angles sont émoussés, ou quelque partie est entièrement hors de proportion avec le reste, une image mal dessinée, en somme.

D'autres réussissent à représenter d'elle une sorte de squelette, cela signifie qu'ils ont saisi les grandes lignes de l'idée, mais sont, malgré cela, incapables de se la rendre vivante ou de la pénétrer dans aucun de ses détails. D'autres, peut-être des plus nombreux, perçoivent un côté de l'idée et pas l'autre, et construisent ainsi une seule moitié de la forme. D'autres encore saisissent un de ses points et négligent tout le reste; ils créent ainsi une figure peut-être exacte sur ce point, mais qu'on ne peut reconnaître comme une copie de celle du livre. Tous ces gens affirmeront qu'ils ont étudié le livre en question, et pourtant si on leur demandait de reproduire de mémoire son contenu, ce qu'ils feraient n'aurait pas grand'chose de commun avec ce dernier.

Cela décèle, en première ligne, un manque d'attention. Il est à présumer que ces gens lisent les mots, mais les idées exprimées par ces mots n'affectent aucune case de leur cerveau. Il est souvent facile au clairvoyant d'en voir la raison, car s'il observe le corps mental de l'étudiant, il le trouve occupé d'une demi-douzaine de sujets simultanément. Soucis de ménage, ennuis d'affaires, souvenir de quelque plaisir récent ou attente d'un prochain, sentiment de fatigue et d'ennui d'avoir à étudier, désir d'arriver au moment où la demi-heure d'étude sera écoulée; de pareils sentiments bouillonnent dans le cerveau du lecteur et occupent à eux seuls les neuf-dixièmes de la matière de son corps astral, tandis que le pauvre dixième restant s'efforce désespérément à saisir la forme-pensée qu'il est supposé vouloir s'assimiler.

Il est assez naturel que dans de pareilles conditions on ne puisse espérer tirer de l'étude aucun profit réel; à tout prendre, il serait même probablement préférable de ne pas tenter d'étudier.

Ainsi, de l'examen du côté occulte de l'étude ressortent certaines règles définies qu'il serait profitable à l'étudiant de suivre. Premièrement, il doit vider son esprit de toutes pensées étrangères et veiller à ce qu'elles ne reviennent pas avant que son temps d'étude soit fini. Il doit libérer son esprit de tous soucis et perplexités, et le concentrer entièrement sur le sujet dont il s'agit. Il lira son paragraphe lentement, avec soin et s'arrêtera pour voir si l'image est claire dans son esprit. Après quoi il lira avec un soin égal le passage suivant et verra si les traits additionnels se sont ajoutés à son image mentale. Il continuera ainsi jusqu'à ce qu'il sente qu'il est en complète possession du sujet, et qu'aucune idée s'y rattachant ne se présentera plus immédiatement. Ceci étant fait, il peut utilement voir s'il lui est possible de trouver quelqu'un des corollaires, s'il peut entourer sa forme-pensée centrale de planètes subordonnées. Pendant tout ce temps, une foule d'autres pensées se seront présentées et auront fait effort pour être admises, mais si notre étudiant est digne de ce nom, il les aura sévèrement éloignées, gardant son esprit exclusivement fixé sur la question qu'il étudie. La forme-pensée originale que j'ai décrite représente la conception de l'auteur pendant qu'il écrivait, et il est ainsi toujours possible, par une étude ardente, de venir en contact avec l'esprit de l'auteur. Souvent, à travers sa forme-pensée, l'auteur lui-même peut être atteint, d'où il résulte que des informations supplémentaires ou des éclaircissements sur des points difficiles peuvent ainsi être obtenus. Habituellement, à moins d'être hautement développé, l'étudiant ne peut entrer en contact conscient avec l'auteur, au point de pouvoir en fait interchanger des idées avec lui ; toute pensée nouvelle lui apparaîtra donc probablement comme étant la sienne propre, puisque c'est toujours d'en haut qu'elle arrive à son cerveau physique ; aussi bien, lorsqu'elle est suggérée du dehors que lorsqu'elle est créée par son propre corps mental ; mais, tout ceci importe peu dès l'instant que l'étudiant arrive à une compréhension bien claire de son sujet.

MÉTHODE ET SINCÉRITÉ

L'étudiant occultiste agit ainsi, cela va sans dire; et il le fait quotidiennement avec la régularité la plus exemplaire, car il en reconnaît l'importance; premièrement, parce qu'il sait la nécessité du travail ou de l'entraînement méthodique, et, deuxièmement, parce qu'une des obligations les plus ancrées en lui est celle de la sincérité. Sa devise doit être : « Quoi que tu aies à faire, fais-le de tout ton pouvoir. » Il sait qu'en toutes occasions il doit faire mieux que l'homme moyen, que rien ne doit lui suffire si ce n'est pas le mieux qu'il ait pu faire, et que dans tout son travail il doit chercher sans cesse à atteindre la perfection, développant dans ce but tous ses véhicules à leur maximum.

LA LECTURE DES NOUVELLES ET DES JOURNAUX

Même quand nous lisons pour notre amusement, il est très désirable que nous prenions l'habitude de la concentration. Après une longue étude ou un dur labeur mental de quelque sorte qu'il soit, il est souvent très reposant de lire une nouvelle, et il n'y a aucun mal à le faire pourvu que nous n'abusions pas de ce genre de lecture. Celui qui consacre toute sa vie à lire des histoires, s'abandonne à la dissipation mentale, et s'il continue à traiter de la sorte son esprit, celui-ci sera bientôt incapable de lui venir en aide pour une étude sérieuse. Mais, ainsi que je l'ai dit, la lecture occasionnelle d'une histoire, à titre de repos, est sans danger et même profitable.

Même alors, il est bon de ne pas lire sans soin, mais d'essayer de former une image claire de chaque caractère, afin de se rendre à soi-même les gens vivants et agissants. En effet, quand l'auteur écrivit son histoire, il fit de telles séries de formes-pensées. Beaucoup d'autres lecteurs depuis sont venus en contact avec elles et les ont fortifiées (quoique certains préfèrent en construire une nouvelle série de leur propre fonds) et il est souvent possible de voir à l'aide de l'esprit la série originale de l'auteur et ainsi de suivre son histoire exactement comme il l'a conçue. Dans les mondes astral et mental, il y a beaucoup d'interprétations de certaines histoires bien connues. Pour les histoires bibliques, par exemple, chaque nation a d'ordinaire sa présentation particulière et généralement avec les personnages tous vêtus dans le costume national. Les enfants ont l'imagination vive et habile, aussi est-on sûr que les livres beaucoup lus par eux sont bien représentés dans le monde des formes-pensées; nous trouvons d'excellents et vivants portraits de gens tels que Sherlock Holmes, Capitaine Kettle, John Silver ou Dr Nikola.

Dans l'ensemble pourtant, les formes-pensées évoquées par la lecture des nouvelles d'aujourd'hui ne sont pas aussi claires que celles que firent nos grands-pères de Robinson Crusoë ou des personnages des pièces de Shakespeare. Cela vient en grande partie du fait que nous accordons rarement plus de la moitié de notre attention à quelque chose, même à une bonne histoire, et c'est la conséquence des curieuses conditions littéraires de notre époque. Autrefois, si un homme se mêlait de lire, il le faisait avec application et fixait son esprit sur sa lecture. S'il entreprenait un certain sujet, il lisait des livres sérieux s'y rattachant. De nos jours, un grand nombre de gens tiennent des journaux et des magazines la majorité des informations qu'ils possèdent. Le magazine ou l'article de journal présentent sous une forme commode, propre à une assimilation facile un certain nombre d'informations superficielles sur les questions qu'ils traitent, quelles qu'elles soient; ils en donnent assez pour mettre un homme à même d'effleurer le sujet au cours d'un dîner, mais pas assez pour mettre à contribution son intelligence.

C'est le siècle des informations par fragments; l'énorme circulation de journaux tels que les « Tit Bits » et « Answers » est l'ultime expression de cette tendance. L'esprit qui acquiert ses connaissances de cette manière n'est en possession réelle d'aucun sujet, d'aucune base solide; et, s'étant accoutumé à se nourrir d'aliments très épicés, il se trouve incapable de digérer un repas plus satisfaisant.

Un trait déplaisant des journaux de nos jours, est la grande importance qu'ils donnent aux meurtres et aux divorces, et le luxe de tristes détails qu'ils mettent chaque jour sous les yeux du public. Ceci est déjà néfaste de quelque point de vue qu'on l'envisage, mais si nous ajoutons aux considérations ordinaires ce que nous montre l'étude du côté caché de toutes ces choses, nous sommes bel et bien épouvantés. Cette publication malsaine provoque constamment dans le pays entier la création d'une multitude de formes-pensées actives et, au plus haut point, condamnables; les gens imaginent les horribles détails du meurtre, ou se représentent avec une convoitise libidineuse les faits suggestifs du divorce; les formes-pensées qui en résultent sont dans le premier cas d'un caractère terrifiant pour toute personne nerveuse susceptible de ressentir leur influence, et, dans le second cas, portent nettement aux pensées et aux actions coupables ceux qui ont en eux des germes de sensualité. Ceci n'est pas une simple supposition de ce qui doit arriver, c'est l'expression exacte de ce qui arrive toujours. Aucun clairvoyant ne peut s'empêcher de remarquer la grande recrudescence de formes-pensées déplaisantes au cours du développement de ces cas sensationnels.

D'autre part, il est juste de ne pas oublier que cette curieuse littérature fragmentaire d'aujourd'hui atteint une quantité de gens qui autrefois ne lisaient pas du tout. Un homme de bonne volonté et qui est par nature un étudiant vraiment sérieux, étudiera encore comme ceux d'autrefois. Un certain nombre de gens qui au temps passé auraient peut-être étudié sérieusement en sont maintenant détournés par la facilité avec laquelle ils peuvent acquérir à petites doses un savoir superficiel; mais beaucoup plus nombreux sont ceux qui n'auraient jamais entrepris aucune étude sérieuse, et qui sont maintenant sollicités d'acquérir quelques connaissances par la facilité avec laquelle cela peut se faire. Combien de gens achètent un magazine, au cours d'un voyage en chemin de fer, dans le but d'y lire des histoires; les ayant finies avant la fin du voyage, ils occupent leur temps à s'imbiber des autres matières de leur périodique et apprennent ainsi beaucoup de choses qu'ils ignoraient complètement; ils peuvent même avoir l'attention particulièrement attirée par quelque sujet auquel plus tard ils s'intéresseront sérieusement.

Ainsi, cette curieuse profusion d'informations de toutes sortes peut être regardée comme bienfaisante autant que dangereuse; en effet, bien que le goût des lectures décousues et des mauvaises plaisanteries ne soit pas en lui-même un grand avantage pour le petit commissionnaire ou le garçon de magasin, c'est du moins pour eux le commencement de la littérature, et cela occupe une partie de leur temps qu'ils auraient pu passer d'une façon bien pire au cabaret ou en douteuse compagnie.

Les histoires parlées tenaient lieu des magazines bon marché, et il est à craindre que beaucoup de ces histoires que se racontaient entre eux les jeunes gens n'aient pas été de nature à pouvoir être admises dans nos journaux hebdomadaires. Ainsi donc, nous ne devons pas mépriser complètement les magazines, mais l'étudiant sérieux fera bien de les éviter, uniquement parce qu'ils remplissent le corps mental d'une foule de petites formes-pensées sans lien, comparables à de petits cailloux, au lieu d'y construire un édifice régulier.

LA CONVERSATION

Il est nécessaire de se rappeler que la parole doit être absolument vraie. L'exactitude dans la parole est une qualité qu'on voit rarement de nos jours, et l'exagération insouciante est tristement commune. Beaucoup de gens sont si relâchés dans leurs discours qu'ils perdent tout sens de la signification des mots; ils disent volontiers : « terriblement » quand ils veulent dire « très », ou décrivent quelque chose comme « crevant » quand ils essaient d'exprimer l'idée que c'est simplement « amusant ». L'étudiant occultiste ne doit pas se laisser entraîner par la coutume, en cette matière, mais doit être scrupuleusement exact dans tout ce qu'il dit. Il y a des gens qui croient permis de dire un mensonge dans le sens de ce qu'ils appellent une farce, pour abuser un autre, et rire ensuite de sa crédulité, crédulité qui n'est en aucune façon blâmable puisque la victime a simplement cru que le narrateur était assez gentleman pour dire la vérité. Je n'ai pas besoin de dire que de tels mensonges ne sont pas permis. Il ne peut jamais rien y avoir d'amusant à dire un mensonge ou à décevoir quelqu'un, et le mot ou l'action sont aussi mauvais l'un que l'autre, quel que soit le but dans lequel ils sont employés.

Le sage ne discute jamais. Chaque homme a en lui une certaine quantité de force dont il est responsable de l'emploi judicieux. Une des façons les plus folles de la gaspiller est de la dépenser en argumentation. Quelquefois, des gens viennent à moi voulant discuter sur la Théosophie. Je décline invariablement. Je leur dis que je puis leur donner certains renseignements, leur fournir la preuve de certains faits que j'ai moi-même vus et expérimentés. Si cette affirmation leur paraît valable, ils sont plus que les bienvenus à l'écouter, et je suis heureux de la leur donner, comme je l'ai fait maintes et maintes fois dans ce livre et dans d'autres; mais je n'ai pas le temps de la discuter avec des gens qui ne me croient pas. Ils ont le droit d'avoir leur propre opinion, et la parfaite liberté de croire ou de ne pas croire, à leur choix. Je ne me querelle pas avec ceux qui ne peuvent accepter mon témoignage, mais je n'ai pas non plus de temps à perdre avec eux, car ce temps peut être beaucoup mieux employé avec ceux qui sont prêts à accepter le message que j'ai à donner. On attribue à Whistler cette remarque au cours d'une conversation sur l'art : « Je ne discute pas avec vous; je vous dis les faits. » Il me semble que ceci est l'attitude la plus sage pour l'étudiant Théosophe. Nous avons étudié certaines choses; aussi loin que nous avons été, nous savons qu'elles sont vraies, et nous sommes prêts à les expliquer; si les gens ne sont pas prêts à les croire, c'est exclusivement leur affaire, et nous leur souhaitons d'arriver promptement à un résultat en suivant quelque forme d'investigation qui leur semble bonne. La discussion conduit toujours aux sentiments enflammés et à une sorte d'hostilité, deux choses à éviter à tout prix. Quand il est nécessaire de discuter sur toutes ses faces un sujet quelconque, dans le but de décider d'une façon d'agir, faisons-le toujours avec douceur et calme, laissons courtoisement et délibérément chacun exposer son propre cas, et écoutons avec politesse et déférence les opinions des autres.

LA MÉDITATION

L'homme qui désire être fort trouve judicieux de faire certains exercices prescrits pour développer son corps physique; de même l'étudiant occultiste pratique certains exercices prescrits pour développer ses corps astral et mental. Un des meilleurs est la méditation. Il y en a différentes variétés; chaque professeur enjoint celle qu'il croit être la plus appropriée. Toutes les religions la recommandent, et son utilité a été reconnue par toutes les écoles de philosophie. Ce n'est pas ici l'endroit de suggérer un système particulier; ceux qui font partie de la Société Théosophique savent qu'elle comporte une classe où l'on enseigne de tels exercices, et il suffira à ceux qui désirent des informations plus complètes de s'y adresser.

Tous les systèmes se proposent semblablement d'atteindre certains buts, qu'il est facile de comprendre. Ils enseignent tous que l'homme doit consacrer un certain temps chaque jour à la pensée ferme et exclusive des choses saintes et leurs buts en agissant ainsi sont les suivants : premièrement, d'assurer qu'au moins une fois par jour l'homme pensera à de telles choses, que ses pensées seront au moins une fois en vingt-quatre heures dégagées du cercle mesquin de la vie courante, de ses frivolités et de ses ennuis; deuxièmement, d'habituer l'homme à penser à ces choses, de telle sorte qu'au bout d'un certain temps elles soient toujours présentes au fond de son esprit comme une sorte d'arrière-plan de sa vie journalière; quelque chose vers quoi son esprit revienne avec plaisir une fois libéré des immédiates questions d'affaires; troisièmement, ainsi que je l'ai dit au début, par cette sorte de gymnastique astrale et mentale, de conserver en bonne santé ces corps supérieurs, et de garder en eux la circulation du courant de la vie divine (et pour atteindre ces buts il doit être rappelé que la régularité des exercices est d'une importance capitale). Quatrièmement, parce que ceci est le chemin — bien que ce soit seulement le premier pas hésitant sur ce chemin — qui conduit au développement supérieur, à la connaissance plus étendue, la porte de la route qui à travers plus d'une lutte et plus d'un effort conduit à la clairvoyance et, en dernière analyse, à la vie supérieure tout à fait au delà de ce monde.

Bien que l'homme dans sa méditation quotidienne puisse ne voir que peu de progrès, bien qu'il puisse lui sembler que ses efforts sont infructueux, un clairvoyant qui l'observe voit exactement comment les corps astral et mental progressent lentement du chaos vers l'ordre, lentement se développent, et graduellement apprennent à répondre à des vibrations de plus en plus élevées. Il peut voir, bien que l'intéressé ne le puisse pas, comment chaque effort amincit peu à peu le voile qui le sépare de cet autre monde de la connaissance directe. Il peut voir comment les formes-pensées de l'homme deviennent de jour en jour plus définies, de telle sorte que la vie qui leur est versée d'en haut devient de plus en plus pleine, et réagit de plus en plus fortement sur lui, bien qu'il puisse en être absolument inconscient; c'est pourquoi, fort de son savoir sur le côté caché des choses, le clairvoyant conseille à tous les aspirants de méditer, de méditer régulièrement et de continuer leur méditation avec la conviction que (bien qu'ils n'en aient pas l'impression) ils en obtiennent des résultats et sont entraînés de plus en plus près de leur but.

On attribue au vieux docteur Wath un hymne où

il est dit que « Satan trouve toujours du mal à faire pour les mains paresseuses ». Il parle sans doute du monde physique exclusivement, mais le sage sait que cela est vrai en ce qui regarde l'esprit. Le moment où une mauvaise pensée jaillit dans l'esprit est le moment ou celui-ci est en jachère et inoccupé. C'est pourquoi la façon la plus sûre d'éviter la tentation est de se tenir solidement à l'ouvrage, et puisque le mortel le plus infatigable ne peut travailler sans cesse, il est bon que pendant les dangereux moments de relâche il ait une garde de sûreté sous la forme d'un sujet défini vers lequel son esprit revienne instinctivement. La plupart des hommes ont ainsi un arrière-plan, mais souvent la nature en est triviale et même indésirable. Il y a des hommes qui ont constamment au fond de leur esprit des pensées impures et d'autres qui ont la jalousie ou la haine. Beaucoup de mères pensent sans cesse à leurs enfants, et l'homme amoureux a habituellement en vue un portrait de celle qui le charme, occupant souvent même le premier plan aussi bien que l'arrière-plan de son esprit.

Quand un homme a atteint à la dignité d'avoir à sa vie la sorte d'arrière-plan convenable, il est dans une condition de sécurité bien plus grande. Pour quelques natures, la religion fournit cet arrière-plan; mais ces natures sont rares. Pour la plupart des hommes, seule l'étude des grandes vérités de la nature, seule cette connaissance du plan des choses qu'en ces jours modernes nous nommons Théosophie peut le donner. La grande ordonnance, une fois comprise, l'esprit et les émotions élevées sont pris tous deux par elle, et la nature de l'homme en est si pleine que nulle autre pensée, nulle autre attitude n'est possible que celle de l'intense désir de jeter lui-même et tout ce qu'il a dans ce plan puissant, et de devenir, dans la mesure de ce qu'il a en lui, un collaborateur de la Divinité qui l'a conçu.

Ainsi cela devient l'arrière-plan de son esprit — la pensée dominante de laquelle il a à se détourner pour s'occuper des détails de la vie extérieure — à laquelle il revient immédiatement et avec joie quand son devoir à l'endroit de ces autres détails est accompli. Quand il peut atteindre à cette condition, il est dans un état de sécurité beaucoup plus grande contre les mauvaises pensées, et il ne doit aucunement craindre que cette préoccupation constante des choses élevées ne nuise à son efficience ici-bas. Il fera sa tâche journalière mieux et non pas moins bien, parce qu'il va constamment, derrière elle, à quelque chose de beaucoup plus grand et de plus permanent; car ce sont précisément les hommes ayant eu comme arrière-plan ce stimulant plus élevé, qui ont été les travailleurs les plus effectifs du monde.

CHAPITRE XV

PAR NOTRE ENTOURAGE

LES HABITATIONS

Il est de mode, et non sans raison, d'attacher une grande importance à l'influence de l'entourage. Par ce mot on entend généralement le milieu dans lequel on est né ou celui qui nous est imposé du dehors et ne dépend en aucune façon de nous. Mais il existe un autre genre d'entourage souvent oublié, c'est celui que nous nous créons à nous-mêmes — c'est la grande influence qu'exerce dans notre vie journalière le lieu que nous avons choisi comme résidence et les objets dont nous nous entourons volontairement. L'aspect extérieur d'une maison donne parfois des indices sur le caractère de ses habitants; la chambre d'un homme est jusqu'à un certain point l'expression de lui-même car elle décèle ses goûts en fait de livres, tableaux, statuettes, meubles, tentures ou fleurs, et chacun de ces objets réagit incessamment sur lui, sans qu'il s'avise d'y songer jamais.

Le véritable étudiant occultiste, en choisissant son habitation se basera sur beaucoup de considérations qui ne viendraient pas à l'idée d'un homme ordinaire. Ce dernier se préoccupera surtout des dimensions de la maison, du loyer, de la distance qui la sépare du chemin de fer ou du tramway; il examinera si les conduites sont en bon état. Ces points ont assurément leur importance; mais l'étude du côté caché des choses suggérerait diverses autres considérations.

A notre point de vue, une maison entourée de beaucoup d'espace serait désirable — et aussi éloignée que possible des maisons environnantes. Cela soit dit sans vouloir désobliger les voisins qui peuvent être convenables sous tous les rapports; mais il est toujours préférable d'éviter le mélange des vibrations différentes. On peut vivement désirer jouir, à un moment donné, de la société de son voisin; il est en ce cas toujours facile d'aller le voir ou de l'inviter chez soi. Mais se trouver en tous temps en promiscuité intime avec lui, ressentir chaque changement dans son aura, c'est une condition qui ne devrait jamais exister, et n'existe pourtant que trop souvent. Dans les longues files de maisons qui composent nos grandes villes, il est impossible d'échapper à l'aura du voisin. S'approche-t-on jusqu'au mur mitoyen, son aura se projette au travers, et on conçoit qu'ayant de chaque côté des voisins aussi proches on se trouve en quelque sorte faire chambre commune avec deux familles dont les goûts et les intérêts sont peut-être totalement différents des nôtres, et dont les pensées et les aspirations sont en désaccord absolu avec celles auxquelles on désire s'adonner.

Une maison isolée d'un seul côté serait encore préférable, car on ne partagerait alors le local qu'avec une seule famille, mais il ne devrait vraiment y avoir que des maisons isolées, quelle que soit la valeur du terrain. Nul d'entre ceux qui comprennent la puissance des influences invisibles ne prendrait une maison faisant partie d'une rangée à moins de ne pouvoir faire autrement. J'en dirai autant de nos appartements modernes de plain-pied, qui réunissent peut-être bien des avantages, et dont la disposition peut être le dernier mot du confort, mais qui n'en sont pas moins soumis à de très sérieuses objections. Si pourtant les circonstances obligeaient un homme à vivre ainsi en commun avec d'autres, il devrait du moins faire tout son possible pour s'assurer que ces personnes lui offrent des garanties suffisantes d'harmonie.

Une autre chose qui a bien son poids au point de vue occulte, c'est l'aspect de la maison. Les conditions de santé physique imposent de choisir une maison ensoleillée plutôt que sombre, mais c'est encore à recommander instamment si l'on réfléchit aux plans supérieurs. J'ai écrit ailleurs sur l'impérieuse nécessité d'avoir du soleil, et tout ce qu'il apporte avec lui. Non seulement la maladie physique, mais l'irascibilité de la dépression s'évanouissent aux rayons directs du soleil. Beaucoup de soleil et d'air pur, voilà donc ce qu'il faut surtout rechercher.

Les influences de voisinage immédiat doivent aussi être prises en considération. Sous aucun prétexte il n'est bon de prendre une habitation aux abords d'un cabaret, d'un abattoir, d'une prison ou d'une boucherie. Très à éviter est encore la proximité d'un mont-de-piété, d'un usurier ou de tout autre centre de discussions acrimonieuses et violentes — dans ce dernier cas, à cause de l'épuisement qu'amène la continuité de vibrations discordantes et heurtées, tandis que de la demeure de l'usurier s'échappent des radiations de souffrance et de désespoir inséparables de ce genre d'affaires, auxquelles s'ajoutent souvent des vibrations de haine et d'amertume. On doit aussi éviter les cercles où le jeu est autorisé.

Le caractère des précédents locataires entre pour beaucoup dans le confort d'une maison. S'ils furent dissipateurs, querelleurs et en proie au découragement constant, l'endroit peut se trouver imprégné des formes pensées de ces différents types, au point d'en devenir impropre à servir d'habitation à une personne sensitive. On pourrait obvier à cet inconvénient par un magnétisme bien compris, si l'étudiant sait le faire.

Non seulement il faut avoir égard à l'aspect sous le rapport de l'orientation, mais aussi à un autre genre d'aspect. Ne prenons pas une maison à l'air lugubre et déprimant, d'abord parce que l'on est soi-même mal impressionné lorsqu'on la regarde, mais aussi parce qu'elle serait toujours entourée des formes-pensées des voisins ou des passants rebutés par son aspect peu engageant. Fût-elle d'ailleurs jolie, qu'elle ne saurait convenir si l'entourage est malpropre et laid. Evitons avant tout les longues et monotones rangées de maisons sales et minables quand il s'en rencontre. Le moindre jardinet serait un appoint très favorable. Par le fait, un petit cottage au milieu d'un grand jardin vaudrait mieux que la plus luxueuse maison donnant sur la rue au milieu d'une suite d'autres habitations.

LES RUES

Si la maison a vue sur la voie publique, le genre de cette dernière est très important. Le pavé de granit ou de toute autre matière propre à causer du bruit est un obstacle absolu, on lui préférera le pavé de bois ou l'asphalte. De même les glapissements des marchands et des camelots rendront la rue inhabitable à tout être ayant les nerfs quelque peu sensibles, tant que nous ne serons pas protégés contre cet excès de bruits corporels.

Il va de soi qu'on doit éviter une rue où la circulation est très active, ainsi que la proximité immédiate d'un chemin de fer ou d'un tramway dont le bruit incommoderait. Car le bruit est un des pires inconvénients de notre civilisation si défectueuse encore et, bien qu'au bout de quelque temps, l'homme s'y habitue au point de ne presque plus s'en apercevoir, chaque nouvelle explosion de bruit représente un choc pour ses corps astral et mental, choc qui produit un effet analogue à des coups répétés sur le corps physique. Un coup isolé est peu de chose, mais la récidive constante, pendant un certain temps, serait extrêmement pénible. Le corps physique en ressentirait une souffrance dont nous comprendrions de suite la cause; tandis que dans le corps astral la chose se traduirait par une irritation, et dans le corps mental par une fatigue et une difficulté à penser lucidement, mais lorsque ces conditions surviennent, nous ne les comprenons pas aussi bien et nous ne pouvons toujours remonter à leur véritable cause. On concevra facilement que le voisinage de toute construction bruyante ou désagréable par sa fumée ou ses résidus chimiques — une fabrique, par exemple — doive être évité soigneusement.

Il est évident que la position de nombre d'entre nous ne permet pas de tenir compte de ces conseils; aussi je ne les propose que comme guides lorsque la chose est réalisable. A un homme absolument libre, qui veut se choisir une habitation ou un lieu de séjour, je conseillerai de baser son choix sur les considérations susdites. Mais je n'ignore pas que la plupart des personnes sont limitées dans leur choix par la question du loyer, de la facilité des communications nécessaires à leur profession, et par mille autres raisons personnelles. En ce cas, que chacun se contente de peser les avantages et les inconvénients inhérents, et agisse pour le mieux, en attribuant aux actions de ses vies antérieures son impossibilité actuelle de faire un meilleur choix.

LES TABLEAUX

Chacun de nous jouit d'une liberté plus grande pour la décoration de sa chambre et cela est d'une importance considérable. Par exemple, les tableaux suspendus aux murs de notre appartement ne cessent d'exercer sur nous une influence ignorée, non seulement parce qu'ils présentent sans cesse à nos yeux l'expression de certaines idées, mais aussi parce que l'artiste a mis beaucoup de lui-même dans son œuvre, ainsi que beaucoup de sa pensée et de son sentiment, il en résulte que ceux-ci, résidant dans la peinture, rayonnent au dehors aussi réellement que le parfum de la rose réside en elle et s'en échappe.

Chaque tableau renferme un côté caché — c'est la conception qui était dans le cœur et dans le mental de l'artiste. Cette conception, au moment où il la forma, s'exprima clairement dans la matière astrale et la matière mentale, même si l'artiste n'a réussi que partiellement à exprimer son idée sur le plan physique.

Tout véritable artiste avouera que, pour excellente que soit son œuvre, elle reste toujours au-dessous de ce qu'il espérait et attendait. Pourtant sa conception, telle qu'elle se fit dans son esprit, existe sur le plan mental avec une réalité intense; de même que les sentiments, les émotions qu'il tentait d'exprimer existent sur le plan astral. Or, ces représentations qu'on pourrait nommer les contre-parties invisibles du tableau émettent constamment les vibrations de leur propre nature, quelle qu'elle soit; aussi ont-elles un effet continuel sur ceux qui vivent à portée de leur influence.

Il convient donc de se montrer très prudents dans le choix des objets que nous réunissons autour de nous. Evitons les peintures triviales, licencieuses ou effrayantes, si parfaite qu'en puisse être l'exécution. Agissons de même avec certains tableaux, indifférents en eux, mais pouvant suggérer des idées impures aux esprits peu développés; parce que les formes-pensées de ces derniers, faisant cortège aux éléments du tableau exerceraient constamment leur influence néfaste. L'engouement actuel pour la frivole représentation du visage et des formes de la femme est regrettable au même point de vue.

J'en dirai autant de l'art réaliste, qui semble se complaire dans le côté sombre de la vie, et ne reconnaît de naturel que ce qui est dépravé ou décadent.

Les peintures des scènes triviales de la vie inférieure, de paysans trinquant dans un cabaret, de rixes, ou de chasseurs rassemblés pour tuer un malheureux renard doivent être proscrites. L'homme sage se gardera de ces sortes de choses; il s'entourera avec soin et uniquement de peintures nobles qui apaisent et aident, de celles qui lui déverseront une influence de joie et de sérénité. Les beaux paysages, les marines sont préférables à tout; et aussi ces belles vieilles cathédrales — merveilleux monuments auxquels sont associés des sentiments de paix; peut-être aussi quelque portrait, œuvre d'imagination, à condition que le visage soit véritablement beau, mais en aucun cas si l'expression en est chagrine ou irritée.

Par exemple, en fait d'images de piété, ne jamais choisir le crucifiement ni le jardin de Gethsémani, mais plutôt le Christ ressuscité dans sa gloire; une représentation touchante de la Présentation de la Vierge avec l'Enfant conviendrait également bien.

La même considération s'applique aux statues. On ne devrait accorder de place qu'aux œuvres d'art de ce genre qui sont d'une beauté exquise et qui ne sauraient inspirer la plus légère pensée d'impureté. On ne doit pas songer qu'à soi; il faut penser à la domesticité et aux visiteurs possibles. Un tableau ou une statue n'inspirera certainement que des pensées très pures à une personne honnête, mais s'ils sont exposés à la vue de tous, il ne convient pas d'ignorer que les esprits inférieurs formeront des images inférieures; en sorte que l'objet qui nous paraît noble et beau peut en arriver à rayonner des influences abominables.

LES CURIOSITÉS

Pour les photographies, un choix s'impose. On gardera naturellement celles de ses amis, ou d'un homme d'Etat que l'on admire. Mais, sous aucun prétexte, il ne faut réserver de place aux portraits d'actrices, parce que ces sujets-là font naître chez beaucoup de gens licencieux les formes-pensées les moins désirables, et qu'en conséquence, elles les rayonnent encore plus ou moins.

Beaucoup de gens aiment à avoir autour d'eux toutes sortes de petits bibelots curieux : statuettes, poteries, objets sculptés en ivoire ou en ébène, photographies, etc. Tous ces objets sont inoffensifs pour la plupart, mais exigent beaucoup d'entretien pour être tenus scrupuleusement propres, et sans cette condition, ils deviennent très nuisibles.

Pour certains autres petits souvenirs il convient de garder une certaine prudence. Quelques-uns sont anciens, une histoire peut y être attachée — histoire terrible quelquefois. Une personne à Londres (le fait est assez connu) avait chez elle le cercueil d'une momie d'Egypte, à laquelle des influences si graves étaient attachées qu'elle dut s'en défaire, et qu'une succession de malheurs fondit sur tous ceux qui, ensuite, se trouvèrent également en contact avec cet objet. Ceci est un cas extrême, cependant, certaines curiosités possèdent des auras d'une nature nocive et peu désirable.

Parmi ces objets, beaucoup racontent leur propre histoire, souvent à l'insu de leur propriétaire. A certains moments, une personne sensitive verra surgir dans son imagination, d'une façon insolite, des paysages totalement inconnus, ou des scènes se déroulant en pays étrangers. Ceci peut être dû à plusieurs causes. Parfois, ces images sont formées par sa propre imagination, ou par celle d'une personne avoisinante, morte ou vivante; d'autres fois ce sont des cas éventuels de clairvoyance à distance, mais ce peut être aussi — et c'est souvent — des cas de psychométrie involontaire, dus à quelque objet placé dans la pièce; car tout corps, quelle qu'en soit la nature, possède en soi le pouvoir de dévoiler à ceux qui peuvent « voir » occultement, en voyance, des scènes de son histoire passée, qui remontent quelquefois inopinément à sa surface. Les unes sont bonnes, les autres mauvaises; elles peuvent avoir un caractère indifférent, comme aussi activement désagréable. Quand on achète un objet antique dont le passé est inconnu, on est à première vue incapable de savoir s'il se montrera nuisible ou neutre, mais, en le surveillant attentivement, on ne tardera pas à être fixé à son sujet. Certaines antiquités sont à rejeter de prime abord : les lances, les épées, les poignards, tout ce qui a servi à répandre le sang ou pourrait le faire.

LES LIVRES

Pour celui qui peut *discerner*, la nature d'un homme se décèle par le choix de ses livres, et ce choix est pour cet homme, chose très importante. On lit un livre, puis on le met de côté, on l'oublie, peut-être; mais il est là, néanmoins et son influence continue à peser sur nous, pour le bien ou pour le mal. Il est vrai que bien des livres n'ont aucune influence positive et peuvent passer pour indifférents. Nous savons cependant que beaucoup de livres nous ont fait un grand bien; et leur influence continuera généralement à être bienfaisante, à moins que nous ne les ayons dépassés; cas auquel cette influence agirait dans un sens rétrograde.

Il importe surtout de proscrire les livres franchement mauvais — ces analyses malsaines de caractères névrosés qu'il vaudrait mieux ne pas fouiller — où l'on met en jeu ces femmes antinaturelles et répulsives qui côtoient sans cesse, autant qu'elles l'osent, une inconvenance quelconque; tous ces récits, d'une moralité douteuse, où d'obscures malversations le disputent à l'insanité. Jamais un homme de sens ne placera ces livres dans sa bibliothèque, d'abord parce qu'ils ne valent pas la peine d'être lus, ensuite parce qu'ils émanent certainement une influence impure et malsaine. Le point important pour la composition d'une bibliothèque est de n'y admettre que des livres sains et raisonnables, parce que le livre est un centre très puissant de formes-pensées, dont l'action cachée a souvent une grande portée dans la vie d'un homme. Ils ne doivent pas être trop nombreux, mais tous d'une haute valeur.

L'AMEUBLEMENT

L'ameublement, la décoration mêmes, ont, malgré leur banalité, un caractère occulte, parce que chaque couleur possède son rythme particulier de vibrations; les unes concourent à aider l'homme, d'autres lui sont un obstacle réel. Généralement parlant, toutes les teintes claires et adoucies sont bonnes, à l'encontre des couleurs sombres, criardes et lourdes, qui sont à rejeter. Il faut aussi prendre en considération l'usage de la pièce à décorer; telles nuances de rouge qui conviendront parfaitement dans une salle à manger devront être scrupuleusement évitées dans une pièce destinée au sommeil ou à la méditation.

LES BIJOUX

Les bijoux si couramment portés ont aussi une action cachée très profonde. En général leur usage est plutôt à déconseiller, car, bien que chaque pierre précieuse possède son influence et sa propriété spéciales, presque toutes ont pour résultat d'exciter l'envie et la convoitise au cœur d'autrui. Une femme semble ne pouvoir regarder un bijou sans éprouver un désir irrésistible de le posséder; en sorte que tout joyau vraiment beau et de quelque valeur paraît être le centre des rayons convergents d'une âpre convoitise. En ce qui concerne les bijoux historiques célèbres, une autre complication s'ajoute à cela. Des crimes sinistres de toutes sortes furent commis à leur sujet et en font, aux yeux d'un être sensitif, des objets non d'admiration, mais d'horreur. Toute pierre précieuse résume le développement ultime du règne minéral; aussi son pouvoir de recevoir et de retenir les impressions dépasse-t-il de beaucoup celui de presque tous les autres objets. Les gemmes gnostiques qui servaient dans l'initiation il y a deux mille ans sont encore actuellement des centres d'influence magnétique très puissants, ainsi que pourront le vérifier les sensitifs, s'ils prennent la peine d'en examiner quelques spécimens au British Museum, à Londres.

On sait parfaitement, qu'à l'endroit où quelque grand crime a été commis, où des émotions violentes de crainte ou de colère, de haine ou de vengeance se sont donné libre carrière, il se forme une impression astrale qui apparaît aussitôt dans toute son horreur au clairvoyant et très fréquemment même, est perçue à un moindre degré par certaines personnes n'ayant encore nullement développé les sens supérieurs. La même chose se produit, avec une intensité notablement plus grande, au sujet de bijoux qui furent cause de crimes nombreux, commis en leur présence, et qui ont absorbé l'effet de toutes les passions qui inspirèrent ces crimes. Ils peuvent conserver ces impressions avec la même force durant plusieurs millions d'années, et continuer à rayonner des vibrations de même nature qu'elles. Le psychomètre voit autour de ces gemmes des tableaux effrayants; celle qui les porte s'en aperçoit rarement, ce qui ne l'empêche pas d'en subir constamment les effets pernicieux.

Cette conséquence funeste n'est pas seulement applicable aux joyaux historiques. J'ai souvent observé des cas où des pierres très ordinaires occasionnèrent des rixes terribles entre les mineurs qui les avaient découvertes. En voici un exemple. Celui qui découvrit la pierre en question fut assassiné; mais, avant d'expirer, il eut le temps de jeter sa malédiction sur cette pierre qu'il payait de sa vie; et durant une cinquantaine d'années, ce bijou exerça sur ses différents propriétaires une influence telle qu'on jugea pour le mieux de le jeter à la mer. L'occultiste agira donc sagement en s'abstenant de porter des bijoux, et surtout n'en portera jamais dans un but d'ostentation.

LES TALISMANS

Le fait qu'une pierre précieuse retiendra parfaitement, pendant longtemps, le magnétisme et qu'elle emmagasinera beaucoup de puissance, dans un petit volume, en fait un objet propre à servir de talisman, quand on en a besoin, dans un but quelconque. Car un talisman n'est pas, comme on le suppose souvent, une simple relique de superstition du moyen âge. Il peut être un agent défini et très efficace dans la vie journalière. Le talisman est un objet fortement chargé de magnétisme, dans un but particulier, par quelqu'un de qualifié et, quand c'est convenablement fait, ce magnétisme continue d'irradier avec une force sans égale, pendant de longues années.

Les buts auxquels un talisman peut être appliqué sont en nombre presque infini. Par exemple, maint étudiant, au début de sa carrière, est fortement troublé par une pensée impure. Naturellement, il est disposé à la combattre, et se maintient en garde contre ses attaques. Cependant, les formes-pensées de nature rejetable sont nombreuses et insidieuses, et, quelquefois, l'une d'elles arrivera à obtenir un gîte dans son esprit et à y causer un grand trouble, avant que l'étudiant puisse, finalement, la mettre dehors. Il peut avoir eu l'habitude, peut-être, de se laisser aller à cette pensée, dans le passé, sans se rendre compte du mal et, s'il en est ainsi, cette pensée a acquis une vitesse, dans cette direction, qu'il n'est pas facile de maîtriser. Un talisman, fortement chargé du magnétisme puissant de pensées de pureté lui sera d'un secours inestimable dans ses efforts.

L'analyse de son action n'est pas difficile à comprendre. Les pensées impures s'expriment par un certain ensemble défini de vibrations, dans les corps astral et mental inférieur. Elles peuvent trouver accès dans les véhicules de l'homme, quand ces véhicules sont en repos ou pourvus de pulsations si faibles, que l'impact du dehors peut aisément maîtriser l'ondulation existante et prendre sa place. Le talisman est fortement chargé d'une vibration contraire et les deux ne peuvent pas coexister. L'une des deux doit vaincre l'autre et l'amener à être en harmonie avec elle-même.

La forme-pensée impure a probablement été créée par une personne quelconque et généralement sans intention définie. Elle est simplement une suggestion ou une réminiscence des passions inférieures. Elle n'est donc pas en elle-même une chose ayant un grand pouvoir, mais elle est de nature à produire un effet tout à fait hors de proportion avec sa valeur intrinsèque, à cause de la facilité avec laquelle la personne moyenne l'accepte et y répond. Le talisman, d'un autre côté, a été chargé intentionnellement, dans un but déterminé, par quelqu'un qui sait penser. Et cela est une chose dans laquelle l'entraînement défini produit une telle différence que la plus légère pensée d'un homme qui a appris à penser est beaucoup plus puissante que toute une journée de rêveries décousues, de la part d'un homme ordinaire. Aussi, quand les deux courants de pensée viennent à se rencontrer, il n'y a pas le moindre doute au sujet de celui qui vaincra l'autre, s'ils sont laissés à eux-mêmes.

Si nous pouvons supposer que le porteur du talisman a oublié ses bonnes résolutions et qu'il s'est laissé aller, pendant un moment, à une pensée impure, il est évident qu'il pourrait attirer celle-ci, en dépit du talisman. Mais il serait conscient, tout le temps, d'une fort désagréable impression, venant du manque d'harmonie entre les deux séries d'oscillations. Maintenant, dans la plupart des cas, l'homme qui, réellement, essaye de faire mieux, tombe seulement parce qu'il est pris par surprise. La pensée impure est entrée en rampant insidieusement et l'a saisi, avant qu'il s'en soit rendu compte. Alors, très rapidement, il se trouve dans un état auquel pour le moment, il ne désire même pas résister. La valeur du talisman est dans ce qu'il lui donne le temps de se ressaisir. Le manque d'harmonie entre ses ondulations et celles de la pensée errante ne peut pas manquer d'attirer l'attention de l'homme. Ainsi, pendant qu'il porte le talisman, il ne peut pas être pris par mégarde, de sorte que, s'il tombe, il tombe délibérément.

D'autre part, quelques personnes souffrent beaucoup d'une crainte apparemment sans cause.

Souvent, elles sont absolument incapables de donner la moindre raison de leurs pressentiments mais, à certains moments et surtout quand elles sont seules dans la nuit, elles sont sujettes à être prises d'une extrême nervosité qui peut s'accroître graduellement jusqu'à la terreur positive. A cela, il peut y avoir plusieurs explications. Peut-être la plus commune est-elle la présence de quelque entité astrale hostile qui persécute sa victime, quelquefois dans l'espoir de se procurer, à travers elle des sensations qu'elle désire, quelquefois dans le but de la dominer et de pouvoir l'obséder; d'autres fois, par pure méchanceté et par simple amour d'exercer son pouvoir sur un être humain. Voilà un cas dans lequel le remède du moyen âge a une valeur notoirement pratique. Naturellement, le talisman contre l'impureté n'aurait aucune valeur ici, car un genre d'oscillations tout à fait différentes y est nécessaire. Ce dont on a besoin, dans ce cas-ci, c'est d'un centre fortement chargé de vibrations expressives de courage et de confiance en soi-même, ou si le porteur est du type dévotionnel, chargé de pensées relatives au pouvoir protecteur de sa déité particulière.

Car un talisman a une double action. Non seulement il opère directement, au moyen de l'irradiation, comme nous venons de le décrire à propos de l'impureté, mais aussi la connaissance de sa présence éveille habituellement la foi et le courage chez celui qui le porte. Lorsqu'il s'agit d'un talisman contre la peur, cas que nous examinons actuellement, deux lignes d'action sont clairement marquées. Le courage s'exprime, dans les corps astral et mental, par la force et la fermeté de leurs stries et par la solidité calme et brillante des couleurs indiquant les différentes qualités élevées. Quand la crainte domine une personne, toutes ces couleurs s'obscurcissent et se couvrent d'un brouillard gris livide. Leurs stries se perdent dans une masse de gélatine tremblante. L'homme a, pour le moment, absolument perdu le pouvoir de guider et de contrôler ses véhicules. Les pulsations de force et de courage irradiant fermement du talisman sont tout à fait insensibles aux sentiments du porteur, de sorte que les premiers tremblements de crainte trouvent une difficulté marquée à se produire, lorsqu'ils commencent à se manifester. Mais s'ils ne rencontrent pas d'opposition, ils augmenteront avec rapidité, chacun amplifiant et fortifiant pour ainsi dire l'autre, jusqu'à ce que leur puissance devienne irrésistible. Le talisman les empêchera d'atteindre cette condition d'irrésistible vélocité. Il lutte avec eux, au commencement, tandis qu'ils sont faibles. L'espèce de résistance qu'il leur oppose est précisément la même que celle qu'oppose un gyroscope à un effort fait pour le faire tourner hors de sa ligne; il est, d'une façon si déterminée, mis en mouvement dans un sens, qu'il volerait en éclats, plutôt que de permettre qu'on le fasse tourner dans un autre. Mais le fait d'amener soudainement un pouvoir comme celui-là à entrer en conflit avec une panique irraisonnée, aurait probablement pour résultat de mettre en pièces le corps astral intéressé. Mais si la force gyroscopique du talisman est mise en action d'abord, la résistance déterminée au long de sa propre ligne met en échec les commencements de crainte et empêche ainsi la personne de jamais atteindre les derniers degrés de la panique.

Voilà son opération directe, mais il influence indirectement aussi l'esprit du porteur. Quand il sent les commencements de la peur sourdre en lui, il se remémore probablement le talisman et le touche du doigt. Alors s'élève en lui le sentiment suivant :

Pourquoi aurais-je peur, puisque j'ai sur moi ce fort centre de magnétisme?

Ainsi, au lieu de se plier aux oscillations et de leur permettre de s'intensifier jusqu'à devenir ingouvernables, il fait appel à la force de réserve de sa propre volonté et s'affirme comme le maître de ses véhicules. C'est, en vérité, tout ce qui est nécessaire.

Il y a une troisième possibilité, à l'égard d'un talisman qui est, dans certains cas, encore plus puissante que les deux autres. L'objet, quel qu'il soit, a été fortement magnétisé par quelqu'un, soit par une personne puissante et développée et, par conséquent, probablement aussi, hautement sensitive. Les choses étant ainsi, le talisman forme un lien avec son créateur et, par son moyen, son attention peut être éveillée. Dans les conditions ordinaires, le rapport avec celui qui l'a fait serait la moindre des choses, mais quand le porteur est dans des circonstances désespérées, il lui arrive quelquefois d'en appeler à celui qui l'a fait, de la même manière que le dévot du moyen âge, dans une difficulté, invoquait l'assistance de son saint patron. Cet appel atteindra inévitablement le créateur du talisman et provoquera une réponse de sa part. S'il est encore vivant sur le plan physique, il pourra être ou n'être pas conscient de l'appel, dans son cerveau physique. Mais, dans tous les cas, l'ego sera conscient et répondra, en renforçant la vibration du talisman par une vague de sa pensée la plus puissante, apportant avec elle de l'encouragement et de la force.

Il est bien possible que beaucoup d'hommes ignorants se moquent de cette idée, comme d'un reste de superstition médiévale. C'est cependant un fait scientifique qui a été démontré, en des centaines d'occasions. Tant que son action directe est en marche, un talisman travaillera seulement dans la direction pour laquelle il est construit. Mais son action indirecte, sur la foi de son possesseur, peut quelquefois prendre des formes très inattendues.

Je me rappelle qu'une fois j'ai fait un talisman pour une grande dame, destiné à la protéger contre les spasmes d'une extrême nervosité et même contre une peur positive qui la prenait, quand elle se trouvait seule, la nuit. Elle me raconta dans la suite que ce talisman avait été pour elle de la plus grande utilité, dans une circonstance que, certainement, je n'avais pas prévue, quand je le fis.

Il paraît qu'à une certaine occasion, elle conduisait dans une forêt, un dog-cart auquel était attelé un cheval exceptionnellement ardent. Je crois que son mari mettait une sorte de gloriole à ne jamais se servir de chevaux que n'importe qui pouvait conduire. Pour une raison ou pour une autre, le cheval s'effraya, prit le mors aux dents, se précipita follement hors de la route et partit à un galop déchaîné, parmi les arbres. Le groom, sur le siège de derrière, était tellement sûr qu'ils étaient tous voués à une mort immédiate, qu'il se jeta à terre du mieux qu'il put, mais non sans se contusionner et meurtrir durement dans sa chute. Quant à la dame, elle me déclara plus tard que sa pensée avait volé immédiatement au talisman dont elle était porteur. Elle savait absolument qu'elle ne pourrait pas être tuée, tant qu'elle serait sous sa protection.

Cette certitude la tint parfaitement froide et calme, et elle conduisit le dog-cart à travers la plus épaisse partie de la forêt, avec une habileté consommée. Elle ajouta qu'en somme, elle était dans l'air certainement plus souvent qu'à terre, tandis que les roues bondissaient sur les racines et faisaient un grand fracas à travers les buissons. Mais elle tint bravement, jusqu'à ce que le cheval se fatiguât et qu'elle fût capable de s'en rendre maîtresse.

Elle me remercia avec chaleur de lui avoir sauvé la vie, au moyen du talisman. La vérité est que ce ne fut en aucune façon l'action directe du talisman, mais la force de sa foi en lui qui la rendit capable de remporter une victoire aussi splendide. Cette foi fut indubitablement le facteur principal. Il peut y avoir eu aussi un peu d'action directe, parce que l'effet réconfortant de la forte ondulation du talisman put saisir n'importe quel sentiment de commencement de peur et le dominer, bien que je l'eusse préparé plutôt afin qu'il opérât lors des premiers symptômes, s'élevant graduellement, que lors d'une circonstance soudaine, comme celle-là.

Il y a différents objets qui sont, dans une large mesure, des talismans naturels. Toutes les pierres précieuses, peut-on dire, appartiennent à cette catégorie, puisque chacune d'elles a une influence distincte qui peut être utilisée de deux façons. L'influence, tant qu'elle tient, attirera à elle une essence élémentale d'une certaine catégorie et toutes les pensées et tous les désirs qui, naturellement, s'expriment à travers cette essence. Deuxièmement, le fait qu'elle a ces particularités naturelles en fait un véhicule convenable pour le magnétisme qu'on a l'intention de faire agir le long de la même ligne que ces pensées et émotions. Supposons, par exemple, que l'on désire mettre dehors une pensée impure. Pensée impure signifie habituellement une série complexe de pulsations, mais série, à tout prendre, dans une certaine note définie. Dans le but de leur résister, on choisirait une pierre dont les vibrations ne sont pas en harmonie avec cette note, de façon qu'elles puissent offrir aux vibrations impures la plus grande résistance possible. Si on a l'intention de faire une talisman contre ces pensées impures, la pierre qui, naturellement, leur offre de la résistance, est le véhicule qui peut le plus facilement être chargé de l'influence opposante.

Les ondulations projetées par la pierre sont sur le plan physique, tandis que celles des émotions sont sur le plan astral, c'est-à-dire une ou plusieurs octaves plus haut. Mais une pierre dont les particules vibrent sur le plan physique dans une note correspondant à la note de pureté, sur des niveaux plus élevés, opérera, même sans être magnétisée, comme un frein, sur une pensée ou sur des sentiments impurs, par la vertu de ses octaves supérieures. D'un autre côté, elle peut, sans peine, être chargée, sur le niveau astral ou mental, des vibrations de pure pensée ou de sentiment qui sont émises dans la même note.

Il y a, aussi, dans le règne végétal, des exemples de magnétisme accentué de cette espèce. On en voit un dans la graine du Rudraksha, dont on fait fréquemment des colliers dans l'Inde. Les oscillations que cette graine produit, surtout quand elle est petite et peu développée, la rendent très propre à être magnétisée, là où une pensée ou une méditation élevée est nécessaire et où toute influence troublante doit être tenue à l'écart. Les chapelets faits avec la plante de tulsi en sont un autre exemple, bien que l'influence qui s'en détache soit d'un caractère un peu différent.

Une espèce intéressante de talismans naturels est celle des produits qui dégagent une odeur pénétrante. L'encens produit un effet puissant, dans cette ligne. Les gommes dont il est composé sont surtout choisies parce que les ondulations qu'elles fournissent sont favorables à la pensée spirituelle et dévotionnelle et peu en harmonie avec presque toutes les autres pensées. Il est possible de composer un encens qui produira précisément l'effet opposé. Cela a été fait quelquefois par les sorcières, au moyen âge, et se fait encore aujourd'hui dans les cérémonies d'intentions démoniaques. Mais en dehors même de ces derniers cas, que nous n'avons pas à envisager, il est en général bon d'éviter les odeurs grossières et lourdes, comme celle du musc et celle des poudres à sachet, parce que beaucoup d'entre elles sont souvent en harmonie intime avec des sentiments sensuels de différentes sortes.

Un objet inintentionnellement chargé peut quelquefois avoir la force d'un talisman. Un présent reçu de quelqu'un aimé, s'il est de nature à être employé ou porté par celui qui le reçoit, lui servira constamment de souvenir du donneur et souvent ira jusqu'à lui donner le sentiment de sa présence, pour l'empêcher de faire des choses qu'il ne ferait pas si ce donneur le regardait. J'ai moi-même entendu parler de plus d'un cas dans lequel un homme portant une bague ou une chaîne, à lui donnée par sa mère, a été empêché de commettre un acte douteux ou de se laisser aller à un plaisir inconvenant, parce que, juste au moment où il allait céder à la tentation, son regard était tombé sur l'objet. Cela lui faisait penser si intensément à sa mère et à ce qu'elle ressentirait, si elle pouvait le voir que, du coup, il avait abandonné son projet. On a reconnu qu'une lettre, portée sur soi dans la poche, a servi de la même manière. L'homme se disait en quelque sorte : « Comment puis-je faire cette chose, avec sa lettre dans ma poche? Comment puis-je songer à cela, quand je serais honteux, si elle me voyait? »

Je me rappelle un cas dans lequel une lutte semblable finit de la manière suivante : l'homme déchira la lettre et en jeta les morceaux, afin de pouvoir se laisser aller... Habituellement, c'est le résultat contraire qui se produit.

LES OBJETS QUE NOUS PORTONS

On voit donc que les objets que nous portons peuvent avoir sur nous une influence prononcée. La montre d'un homme, par exemple, montre qu'il a toujours sur lui, se charge fortement de son magnétisme. Si, après l'avoir portée pendant des années, il la donne à un autre, cette autre personne, pourvu qu'elle soit le moindrement sensitive, aura constamment le souvenir de son ami et quelquefois conscience, comme d'un sentiment de sa présence. Je me rappelle qu'un membre éminent de la Société Théosophique, mort depuis longtemps, aimait à faire cadeau d'une montre aux élèves qui l'intéressaient spécialement. Il les chargeait fortement avant de les donner, d'une qualité quelconque, dont il pensait que celui à qui il la donnait avait grand besoin. Comme ses jeunes amis, naturellement, se servaient de cette montre, il réussit plusieurs fois à effectuer en eux un changement considérable de caractère.

L'ARGENT

Une chose très déplaisante à un certain point de vue et que nous avons tous à porter sur nous, c'est l'argent.

Il arrivera naturellement à l'humoriste de dire, à ce propos, ce qu'il pourrait faire avec beaucoup de cette sorte de chose déplaisante. Je comprends très bien ce point de vue et je reconnais que, dans la civilisation où nous vivons, il est désirable de posséder une certaine quantité de lucre impur. Il est même nécessaire d'en porter un peu sur soi, afin d'être préparé aux circonstances inattendues. Néanmoins, un fait subsiste; c'est que si l'argent au point de vue abstrait, est sans doute une bonne chose à posséder, quand on sait l'employer sagement, il est, sous la forme concrète de la monnaie et des billets, fréquemment chargé du pire magnétisme possible. Les billets nouveaux et les pièces neuves sont assez inoffensifs, mais après qu'ils ont un peu couru, ils acquièrent, non seulement toutes sortes de malpropretés physiques, mais aussi une grande variété de vibrations, presque toutes excessivement fâcheuses.

La raison de cela n'est pas difficile à comprendre, car le magnétisme qui entoure la monnaie est produit par les pensées et les sentiments de ceux qui l'ont maniée ou portée. D'abord, et comme un principe général, sans prendre aucun sentiment spécial en considération, toute pièce de monnaie qui a été palpée et portée par un grand nombre de personnes doit, inévitablement, être chargée d'un grand mélange de différentes espèces de magnétisme. Elle est, par conséquent, au point de vue des ondulations, un centre de discorde autour duquel toute sorte d'influences mauvaises sont en ébullition, dans la plus violente confusion. L'influence d'une chose comme celle-là est troublante et irritante et elle a, mais à un degré beaucoup plus fort, exactement le même effet, sur les corps astral et mental, que le bombardement continuel des émanations du radium, sur le corps physique.

Plusieurs savants ont découvert, par une expérience pénible, que porter un petit fragment de radium dans la poche de son gilet produit un mal particulièrement acharné sur la peau qui est en dessous. Analogue, mais plus grand en proportion, est l'effet produit, sur les véhicules supérieurs, par la présence d'une pièce de monnaie très usée. Les monnaies de cuivre et de bronze sont, sous ce rapport, les pires de toutes, excepté peut-être les billets vieux et malpropres. L'or et l'argent aussi absorbent les influences qui les entourent, mais leurs qualités les mettent dans un état d'absorption moins facile pour les plus mauvaises caractéristiques. De tout cela il résulte qu'il vaut mieux ne pas perpétuellement porter sur soi plus d'argent qu'il est nécessaire. J'ai connu des étudiants qui, partiellement, obviaient à la difficulté en portant leur monnaie de cuivre ou de bronze isolée dans une bourse si fortement magnétisée, qu'elle ne permettait pas, pratiquement, aux pulsations fâcheuses de la traverser.

Quelques pays ont substitué la monnaie en nickel à la monnaie en bronze; le nickel, quoique pas aussi « noble » métal que l'or ou l'argent, est cependant beaucoup moins réceptif aux mauvaises influences que le bronze. Un métal noble, alchimiquement parlant, est celui qui répond rapidement aux longueurs d'onde des pensées élevées, et, par contre, résiste à celles qui sont basses.

LES VÊTEMENTS

Sur ce sujet, les usages qui prédominent actuellement en Occident sont en contradiction à peu près totale avec les considérations dictées par la vue des mondes supérieurs et le savoir additionnel donné par l'occultisme.

Au cours de recherches s'étendant sur plusieurs années, il m'est arrivé de voir, par la clairvoyance, un grand nombre de civilisations, dans toutes les contrées du monde, et à des époques largement espacées; et mon travail m'a amené également à examiner les habitants de deux autres planètes au moins. Toutes ces races différaient énormément entre elles par les coutumes et les costumes, mais jamais dans aucune d'elles et en aucun temps je n'ai rien vu qui approchât en laideur le costume masculin actuellement adopté en Europe. Il est suprêmement désagréable à voir, mal fait et malsain; le seul argument en sa faveur, s'il en est un, est de satisfaire dans une certaine mesure aux exigences d'ordre pratique. Il est ajusté alors que tout vêtement devrait être ample. Il est confectionné avec des tissus qui, du point de vue caché des choses, sont les plus indésirables; et les seules couleurs (ou plus justement l'absence de couleurs) permises par la coutume sont précisément les pires qui pouvaient être choisies. Nos vêtements extérieurs sont noirs, ou bruns, ou gris (et il suffit d'étudier *l'Homme visible et invisible* pour voir ce que ces teintes signifient); si l'on admet quelque nuance de bleu, elle est si sombre qu'il est difficile de distinguer si elle est réellement bleue.

Il y a certaines raisons pratiques à ces modes déplaisantes. Nos habits sont ajustés parce que nous voulons être toujours prêts à montrer de l'activité en courant, sautant, ou montant à cheval. Ils sont confectionnés avec de lourds lainages pour nous préserver du froid; et l'on adopte ces vilaines couleurs sombres afin de masquer la saleté qui, dès le premier jour, s'accumule, du fait que nous ne sommes pas suffisamment civilisés pour rendre fumivores tous les appareils de chauffage et que nous n'avons pas encore appris à faire des routes qui seraient nettes de poussière et de boue. Si quelqu'un désirait savoir quelle quantité d'indescriptible saleté il porte sur lui, il lui suffirait de prendre un vieux manteau ou autre vêtement extérieur hors d'usage et de le laver dans un baquet d'eau, comme on lave le linge; la couleur de l'eau serait pour lui une révélation.

Du point de vue occulte, rien ne peut justifier l'homme de vivre dans de telles conditions de saleté. Les vêtements, non seulement lavables, mais fréquemment lavés, sont les seuls qui soient permis, du point de vue absolu du penseur. Je sais parfaitement bien, étant donné ce que sont les choses en Europe ou en Amérique, qu'il est pratiquement impossible même au plus ardent étudiant d'agir en cette matière comme il sait qu'il devrait le faire, car l'esclavage de la coutume est si absolu qu'un homme ne pourrait vivre parmi ses compagnons s'il ne la suivait pas. Il est étrange que cela soit; et c'est un discrédit pour ces nations; cela infirme absolument leur prétention d'être regardés comme des peuples à l'esprit libre, mais c'est ainsi. Les renseignements sur ce qui devrait être fait en matière d'habillement sont pour cela inutiles à nos frères d'Occident, mais, heureusement, il y a dans le monde d'autres pays, qui, tout en étant aussi esclaves de la coutume sur certains points, ont des habitudes meilleures en ce qui concerne ce point particulier; aussi, quelques informations à ce sujet peuvent-elles être utiles à leurs habitants.

Un homme s'habille d'abord par décence et pour son propre confort, mais il doit certainement envisager aussi l'aspect qu'il offre à ses semblables; et à ce point de vue, la superlative laideur de notre costume actuel est positivement un péché.

Je sais bien que, pour l'Occident tout au moins, je suggère des conseils de perfection qui ne pourront être suivis lorsque je dis ce que prescrit l'occultisme en matière d'habillement. Je ne parle pas des coutumes de telle race ou religion, ni de ce que tel homme ou tel clan d'hommes peut approuver. Je prescris simplement ce que dicte une considération scientifique du côté supérieur de la vie, et des éléments invisibles qui la pénètrent constamment. La prescription est la suivante :

Tout vêtement doit être ample et flottant, ne jamais sous aucun prétexte exercer de pression sur aucune partie du corps, et rien de ce qui touche la peau ne doit être composé de laine ou de cuir. Que devons-nous faire alors pour avoir chaud? Les Chinois qui, tout au moins dans le nord de leur pays, ont à endurer un climat très rigoureux, résolvent la difficulté en usant de vêtements de soie ou de coton rembourrés, à la façon des édredons piqués; et il est tout à fait certain que les ressources de la science nous fourniraient nombre de produits pouvant efficacement remplacer la laine, si seulement cela était recherché. Il y a en Angleterre des docteurs à l'ancienne mode qui ont le travers de conseiller de porter la laine sur la peau, alors que la laine est justement la dernière chose à mettre en contact avec l'épiderme, car, un docteur l'a très bien dit : « elle est un produit animal qui ne peut jamais être convenablement nettoyé; elle provoque une chaleur contraire à la nature; elle se feutre et obstrue les pores; elle absorbe la moiteur très lentement, sèche très lentement et, par là même, retient l'humidité du corps; elle énerve et débilite le système, favorise les refroidissements, les rhumes et les rhumatismes; elle provoque souvent (et toujours irrite) les boutons et autres maladies de la peau; on ne peut la faire bouillir sans détruire sa texture, et elle rétrécit toujours. » Du point de vue occulte, sa condamnation est encore plus péremptoire pour diverses autres raisons.

Les habits doivent être de couleurs brillantes, non seulement pour plaire aux yeux de nos voisins, mais aussi en raison de l'effet que produisent les couleurs sur nous-mêmes. Le présent système d'habillement, tout en teintes brunâtres est indubitablement productif de dépression et de stagnation de pensée; il nous fait perdre entièrement les effets que pourrait produire sur notre état d'esprit le port de couleurs différentes.

Quand nous aurons assez progressé pour qu'un costume raisonnable devienne possible, il sera intéressant de discuter les qualités des couleurs et de voir quelles sont les mieux appropriées aux types particuliers de gens; à l'heure actuelle, ceci serait d'une faible utilité.

Dans beaucoup de contrées orientales la coutume est beaucoup plus rationnelle. A Burma, par exemple, faisant une conférence un jour de fête à la Grande Pagode d'Or de Rangoon, j'avais devant moi un auditoire aussi éclatant qu'un splendide lit de fleurs aux couleurs bigarrées. Les satins délicatement colorés que portent les Chinois à l'occasion des jours de fête, produisent sous le resplendissant soleil tropical, un effet qui pourrait difficilement être surpassé, et l'on ne peut que se demander comment nous, qui certainement appartenons à une race plus neuve que ces peuples et prétendons avec quelque raison les avoir dépassés en civilisation sur de nombreux points, avons pu tomber si absolument et si lamentablement derrière eux, en matière de vêtements.

Les pires modes de costumes sont réellement tout à

fait récentes. Je puis moi-même me souvenir avoir vu dans mon enfance quelques survivants du costume ordinaire d'il y a un siècle, quand les gentlemen portaient encore les brillantes couleurs en d'autres occasions que celle de la chasse à courre. Il ne nous a fallu qu'un siècle pour descendre au niveau le plus bas possible en fait d'habillement; combien nous faudra-t-il de temps pour nous élever de nouveau à la beauté, à la grâce et à la dignité?

La question du vêtement nous amène à celle de la literie, sur laquelle il y a peu à dire; cependant, du point de vue occulte, les lits de plumes, les matelas épais et lourds sont toujours indésirables; et si l'on emploie des couvertures de laine, il faut les placer de telle façon qu'en aucun cas elles ne touchent la peau du dormeur, car si, déjà en temps de veille, il est inopportun de mettre en contact étroit avec nous une chose saturée d'influences animales, et qui vraiment est animale en son essence même, il est mille fois plus sérieux de le faire quand le corps est endormi, et ainsi particulièrement sujet à répondre à de telles influences.

Le lit de sangles entrelacées, comme il en est fait usage à Adyar, est, du point de vue occulte, l'un des meilleurs.

CHAPITRE XVI

PAR LES CONDITIONS MENTALES

LES FORMES-PENSÉES

L'homme s'habille encore en d'autres mondes qu'en celui-ci, quoique d'une manière quelque peu différente. Ainsi, dans le monde astral, il tisse autour de lui un véritable vêtement de ses sentiments habituels, et dans le monde mental, un vêtement similaire des pensées auxquelles il s'abandonne communément. Je voudrais faire clairement comprendre qu'en disant ceci je ne parle pas symboliquement, mais que je décris un fait objectif, objectif pour autant qu'il est question de ces niveaux supérieurs. Il a été expliqué de façon répétée que nos sentiments et nos pensées engendrent dans la matière qu'ils affectent respectivement, des formes définies, et que ces formes suivent les pensées et les sentiments qui les ont faites. Quand ces pensées et ces sentiments sont dirigés vers une autre personne, les formes se meuvent en fait à travers l'espace vers cette personne, se heurtent à son aura, et en bien des cas s'y fondent. Quand, cependant, les pensées et les sentiments sont concentrés sur l'homme lui-même (tels que le sont souvent, je crains que nous n'ayons à l'admettre, ceux de la majorité des gens), les formes ne se dissipent, ne s'effacent pas, mais restent en grappes autour de l'homme qui leur donna naissance.

Ainsi, nous voyons que chaque homme s'est construit, avec de telles formes-pensées, une coque, un véritable vêtement sur leur plan; de la sorte, tous ces sentiments et toutes ces pensées réagissent d'une façon constante sur lui. Il les fit naître, il les tira de lui; et maintenant elles sont capables de réagir à leur tour sur lui, bien qu'il ne sache rien de leur proximité ni de leur pouvoir. Les forces qu'elles rayonnent, flottant ainsi autour de l'homme, lui semblent venir absolument de l'extérieur, et il regarde souvent comme une tentation de source étrangère une pensée qui est en réalité le reflet d'une de ses propres pensées d'hier ou de la semaine dernière. « L'homme est comme il pense. » Et ceci est dû principalement à ce que ses propres pensées étant les plus voisines et agissant sur lui de façon permanente, ont plus de chances que toutes les autres de l'influencer.

Les radiations constantes qui se déversent de ses formes-pensées imprègnent les objets inanimés autour de lui, de telle sorte que les murs mêmes et les meubles de sa chambre reflètent sur lui les pensées et les sentiments qui lui sont habituels. Si un homme assis sur une certaine chaise, dans une certaine pièce, se livre pendant plusieurs jours à quelque suite ou type de pensées, il emplit les objets environnants, la chaise, le bureau, les murs mêmes de la pièce, des vibrations qui expriment ce type de pensée. Il magnétise inconsciemment ces objets physiques, qui possèdent ainsi le pouvoir de suggérer des pensées du même type à toute autre personne qui se met dans le chemin de leur influence. Il y a de nombreux exemples de ceci dans les séries d'histoires qui se rattachent à de telles choses. J'ai déjà cité celui de personnes se suicidant l'une après l'autre dans la même cellule de prison, parce que le lieu suintait, en quelque sorte, cette idée, et qu'elles la sentirent agir sur elles comme une force du dehors à laquelle elles s'imaginèrent être contraintes d'obéir.

De cet examen ressortent *au sujet de nos sentiments deux idées principales*, idées qui, à première vue, semblent contradictoires : 1° que nous devons être très circonspects dans nos sentiments; 2° que ceux-ci n'ont aucune espèce d'importance. Si nous recherchons l'explication de cette apparente contradiction, nous voyons qu'elle se trouve dans le fait que nous n'employons pas le mot « sentiment » tout à fait dans le même sens dans les deux cas. Nous devons veiller sur les sentiments que nous laissons s'élever en nous; et nous pouvons ne pas nous soucier des sentiments qui nous assiègent de l'extérieur. Ceci est vrai, mais dans le premier cas nous voulons dire sentiments, pensées, qui émanent de notre propre esprit; dans le second cas, nous voulons dire dispositions, qui viennent sans aucune volonté de notre part. Ces dernières, nous avons la possibilité de les mépriser totalement. Notre disposition est le résultat de notre pensée d'hier, et nous ne pouvons modifier cette pensée ni l'affecter d'aucune façon; notre possibilité réside dans la pensée d'aujourd'hui, car cette pensée est sous notre contrôle, et quand elle se présente nous pouvons, ou la recevoir et l'adopter, ou la rejeter. Il en est de même avec nos sentiments. Vous prétendez que vous n'êtes pas maître de vos sentiments. C'est ce que pensent les gens ordinaires et incompréhensifs, mais ce n'est nullement vrai. Vous pouvez les éviter et les contrôler, si vous voulez.

HUMEUR

Nous avons tous l'expérience de ces différentes sortes d'humeur qui nous viennent inopinément. En telle occasion, nous nous sentons joyeux sans savoir pourquoi, et en telle autre nous nous sentons déprimés et pessimistes. A ce dernier état, il peut y avoir plusieurs raisons; l'indigestion, d'une forme ou d'une autre, en est la plus commune. Il y a aussi le manque d'exercice, de soleil, de grand air, et le travail nocturne trop prolongé, mais il y a aussi quelquefois la simple réaction de nos propres pensées précédentes, et quelquefois encore la réaction des pensées précédentes de quelqu'un d'autre. Cet état peut aussi être dû à la présence d'une entité astrale qui est en condition de dépression et parvient à communiquer ses vibrations à notre corps astral. Mais, quelle que soit sa cause, nous devons laisser la dépression de côté et nous efforcer de continuer notre travail comme si elle n'existait pas.

Cela est surtout affaire de sentiment et, par conséquent, est difficile à envisager froidement et scientifiquement; mais c'est précisément ce que nous devons nous efforcer de faire. Ces états d'humeur que nous subissons ne modifient en quoi que ce soit les faits de la vie. Pourquoi leur permettrions-nous alors de nous influencer? Notre destinée future est devant nous, et le fait que nous l'envisagions tantôt avec optimisme, tantôt avec pessimisme, ne l'atteint en aucune façon. Pourquoi alors nous laisser aller à l'ennui aujourd'hui simplement parce que nous étions ennuyés hier ou parce que quelque entité astrale est dans cet état? Le côté caché de toutes ces dispositions temporaires nous montre qu'elles proviennent de causes variées; mais il nous montre clairement aussi que quelles qu'en soient les causes, notre devoir est de poursuivre notre travail et de ne leur accorder aucune attention.

LES PENSÉES RÉCURRENTES

Nous devons encore observer d'un autre côté l'action des pensées récurrentes. Ce qui était tout d'abord une simple conjecture sans fondement — conjecture peut-être imméritée — est susceptible de se solidifier plus tard en une prévention, cela par simple récurrence et non pas parce qu'une évidence s'y est ajoutée. Nous adoptons souvent sans raison valable, une certaine attitude envers quelqu'un ou quelque chose, et du seul fait que nous l'avons adoptée nous persistons à la garder; quand bien même nous pourrions savoir que ce n'était à l'origine, rien de plus qu'une simple suspicion, nous la croyons fondée à force d'y avoir pensé, et arrivons à en raisonner comme si c'était un fait. C'est ainsi que souvent naissent les préventions, et nous avons déjà expliqué qu'elles sont fatales au progrès.

De plus, cette réaction des formes-pensées tend à établir en nous certaines dispositions morales. C'est ainsi que plus d'un homme a commencé par être à juste raison attentif à la dépense de son argent, mais la pensée anxieuse qu'il a consacrée à étudier la façon dont il pourrait économiser a réagi sur lui sans relâche jusqu'à devenir une idée fixe, jusqu'à engendrer en lui le défaut de l'avarice. La forme-pensée, non seulement déverse son influence sur celui qui l'a créée, mais aussi rayonne à l'extérieur. Et l'effet de cette vibration extérieure est d'attirer d'autres formes-pensées analogues, qui fortifient l'action de la forme-pensée originale. C'est pourquoi nous devons être sur nos gardes en cette matière, veiller soigneusement aux pensées et aux sentiments qui s'élèvent en nous, et distinguer ceux qui viennent d'en haut, de l'ego, de ceux qui simplement flottent à des niveaux inférieurs.

DE « L'AMOUR »

Un autre cas de l'action répétée d'une forme-pensée est ce qu'on appelle communément « l'amour ». Il y en a au moins deux variétés, clairement marquées que les romanciers définissent ainsi : l'amour progressif et l'amour subit (coup de foudre). Ce dernier phénomène (si jamais il se produit réellement, ce que je suis porté à croire), doit signifier que l'ego en reconnaît un autre bien connu en des incarnations précédentes; mais la première variété, qui est la plus ordinaire, est habituellement due à l'action intensifiée de la pensée répétée.

Parler de ce sujet avec quelque bon sens équivaut à se rendre impopulaire, car tout homme regarde la femme qu'il aime comme la seule femme au monde qui soit réellement l'exemple de toutes les vertus, et il est prêt à soutenir cette opinion à la pointe de l'épée si c'est nécessaire. Mais s'il pouvait envisager la question sans passion et raisonnablement (ce qui lui est naturellement impossible) il aurait à admettre que si cette femme est tout cela pour lui, il y en a de par le monde bien d'autres qui semblent occuper la même place dans l'esprit d'autres gens qui sont en général aussi intelligents et aussi capables que lui d'avoir une opinion en cette matière.

Pourquoi alors, là où il n'y a aucune question de lien

formé dans une incarnation précédente, choisirait-il parmi tout le reste du monde une certaine jeune femme pour être la personnification de tout ce qui est noble et beau? La vérité n'est pas romantique; c'est surtout une question de proximité. Le jeune homme normal jeté par les circonstances en relations étroites avec la jeune femme normale devient vraisemblablement amoureux d'elle; il ne voudrait jamais l'admettre, mais s'il avait été mis en relations semblables avec l'une ou l'autre de cent jeunes femmes également normales, il serait devenu amoureux de l'une d'elles tout aussi aisément.

En premier lieu, une jeune femme fait sur lui une agréable impression fugitive; s'il ne la rencontrait plus, il est probable qu'au bout de quelques jours il cesserait de penser à elle; mais, s'il la voit souvent, la forme-pensée qu'il a créée d'elle se fortifie et il commence, bien qu'il ne s'en aperçoive pas, à voir en cette jeune femme plus profondément que le premier jour. Et ce processus continue jusqu'à ce qu'il apprenne à voir en elle la réalité divine qui est derrière nous tous. Elle est derrière tous également, mais c'est en elle seule qu'il l'a reconnue; et quand une fois il l'a vue à travers cette forme, elle ne peut plus pour lui, en prendre d'autre. Ainsi, son imagination dote cette femme de toutes les vertus, de toutes les qualités splendides, qui sont en elle comme elles sont en nous tous, mais qui peuvent ne pas se manifester à travers elle pour d'autres yeux que les siens. Ces vertus sont en elle parce que son ego comme tous les autres est une étincelle du Feu Divin en qui ces qualités sont inhérentes à l'état de perfection. Leur manifestation en ce monde physique peut ne pas être plus grande en elle qu'en des centaines d'autres personnes, mais il les voit en elle parce qu'en elle il les a reconnues pour la première fois. C'est ainsi qu'en vérité, du point de vue occulte, les rhapsodies des milliers d'amoureux sur les objets respectifs de leur adoration sont toutes vraies, quand bien même elles semblent toutes exclusives, car la vérité est que ce qu'ils aiment tous est « Un », bien que pour chacun d'eux le véhicule à travers lequel « Il » se manifeste soit différent, et parce que leur vision partielle ne peut séparer l'Un de ses manifestations, ils dotent cette manifestation particulière de qualités qui ne lui appartiennent pas, mais sont celles de Ce qui brille à travers elle. Ainsi, tous ont raison lorsqu'ils voient les qualités, ils n'ont tort qu'en en proclamant la manifestation exclusive à travers la forme où ils ont appris à les reconnaître.

Souvent, l'étranger impartial trouve difficile à comprendre, regardant du point de vue du monde physique, qu'un certain homme voie en une certaine femme de quoi l'inciter à désirer de faire d'elle son épouse. La réponse est que le mari a vu en elle quelque chose qui est invisible sur le plan physique, quelque chose qu'on peut discerner seulement en regardant plus profondément, et son attraction pour elle est venue de ce que c'est à travers elle que cet aspect du Divin lui a été révélé.

Les gens disent souvent que l'imagination de l'amoureux donne à sa future femme les qualités qu'elle ne possède pas. L'occultiste dirait que l'amoureux a raison; elle les possède parce que Dieu, de qui elle est une partie, les possède. Et pour son amoureux elle est le canal à travers lequel il peut Le voir. Evidemment, ceux pour qui elle n'est pas ce canal ne peuvent reconnaître ces qualités à travers elle, mais ils peuvent les voir à travers une autre.

Un grand avantage de cela est que, si la femme est bonne, elle essaie de se tenir au niveau de la forme-pensée que son mari créa d'elle. Pleinement consciente qu'il l'idéalise, qu'il la dote de qualités qu'elle sait ne pas avoir, elle s'efforce pour ne pas le désappointer, pour être digne de son amour et de sa confiance, de développer en elle ces qualités, d'être en un mot ce qu'il pense qu'elle est. Et, parce qu'en essence elle l'est, parce que dans la Monade qui est derrière elle, ces qualités existent, elle réussit souvent, au moins jusqu'à un certain point, à les faire se manifester; ainsi la confiance de l'amoureux se trouve justifiée, sa foi en elle en fait une personne plus élevée et l'aide sur le sentier de l'évolution.

Tout ceci, doit-il être observé, agit des deux côtés, la femme essaie de trouver son idéal à travers un homme, tout comme l'homme à travers une femme. L'être humain constitué comme il l'est à présent trouve habituellement plus volontiers son idéal à travers un être du sexe opposé, mais il n'en est pas invariablement ainsi. Il peut arriver qu'un jeune homme adore un homme plus âgé, et que cette admiration et cette affection lui fassent entrevoir ce monde véritable que nous appelons l'idéal; le même sentiment peut aussi exister entre une jeune femme et une femme expérimentée.

Puisque cet idéal est également derrière nous tous, le mystique qui vit enveloppé dans sa contemplation solitaire, peut le trouver aussi bien en lui-même. La tendance de tout homme est de le rechercher, soit à travers sa propre personne, soit à travers une autre, et le sentiment qui l'y pousse est la force de l'évolution divinement implantée en lui, le désir de trouver le Divin, de qui nous venons, et de retourner à lui. Car la force qui, à ce premier stage ne peut se manifester que de cette manière, est la même qui plus tard amènera l'homme à l'union finale. Comme le dit magnifiquement saint Augustin : « Dieu, Tu nous as faits pour toi-même, et nos cœurs sont toujours agités jusqu'à ce qu'ils trouvent en Toi leur repos. »

FLEURS INFÉCONDÉES

Une belle variante de ceci, souvent incomprise d'ailleurs, est l' « amour » de la part des enfants. Des adultes peu sympathiques le tournent en ridicule, parce qu'ils savent que neuf fois sur dix son objet n'est pas approprié, que cet amour ne dure pas et n'aboutit à rien. Tout cela est vrai, mais ce sentiment est, dans son essence, le même que celui qui vient plus tard dans la vie, et il en est habituellement une forme beaucoup plus pure et dénuée d'égoïsme. Si vous pouviez voir ce qu'il y a au fond du cœur d'un jeune amoureux de dix ou douze ans, vous sauriez que souvent il ne rêve même pas de devenir le mari de celle qu'il aime, de se fixer confortablement pour être toujours heureux ensuite; il rêve plutôt de se sacrifier pour elle, de faire preuve d'un héroïsme splendide en la défendant, et de mourir à ses pieds.

Absurdement romantique, sans doute, mais non pas sans effet bienfaisant sur ce jeune cœur et même sur les deux jeunes cœurs en question. De telles formes-pensées sont réellement bonnes, tant pour leur créateur que pour la personne qui les reçoit; elles préparent les deux au sentiment plus mûr, mais non pas plus beau, qui vient plus tard dans la vie. Avez-vous jamais vu la quantité de fleurs qui restent inféçondées sur nos cerisiers ou nos pruniers? On peut penser qu'il y a là un gaspillage de l'énergie de la nature, car elles ne deviennent jamais des fruits. Mais le botaniste nous dira que ces fleurs-là ne sont pas inutiles, elles ont un but important à remplir en attirant la sève, ce qui fortifie l'arbre et prépare ainsi pour l'automne des fruits plus beaux que ceux qui auraient pu exister sans elles. Ces innocentes amours de l'enfance ont précisément le même effet; elles fortifient la nature et la préparent pour un développement futur plus complet.

OCCULTISME ET MARIAGE

Mais en dépit de tout ce que j'ai dit sur ce sujet, en dépit de la beauté et de l'exaltation de « l'amour », pouvons-nous encourager nos étudiants à se marier. Je pense que la meilleure réponse est celle que nous trouvons dans ce qu'écrit Mme Blavatsky, notre grande fondatrice :

« Cela dépend de la sorte d'homme que vous envisagez. Si vous parlez de l'homme qui a l'intention de vivre dans le monde qui, tout en étant un Théosophe bon et appliqué, un ardent ouvrier de notre cause, a encore des liens et des désirs qui l'attachent au monde, qui, en résumé, ne sent pas qu'il a fini pour toujours avec ce que les hommes appellent la vie, ni qu'il désire une chose et une chose seule — connaître la vérité et être capable d'aider les autres — je dis que pour celui-là, il n'y aucune raison qu'il ne se marie pas, s'il lui plaît d'encourir le risque de cette loterie où les perdants sont plus nombreux que les gagnants. » (*La Clé de la Théosophie,* section XIII, « Théosophie et mariage ».)

Mais si l'homme a l'intention de devenir plus que cela, s'il a l'intention de dévouer sa vie entière à l'œuvre Théosophique, s'il aspire à devenir l'élève de l'un des grands Maîtres de la Sagesse, nous ne pouvons l'engager à diviser son attention entre le monde et ce but.

Mme Blavatsky nous dit encore :

« L'occultisme pratique est une étude beaucoup trop sérieuse et trop dangereuse à entreprendre pour un homme, à moins qu'il ne soit ardent au suprême degré, prêt à sacrifier tout, lui-même le premier, pour atteindre ses fins. J'en réfère seulement à ceux qui sont déterminés à gravir le sentier des disciples qui conduit au but le plus haut. » (*Idem,* section XIII.)

Rien n'empêche un homme d'aimer autant qu'il le veut son idéal, l'erreur est dans le désir de la possession seule, la passion animale qui l'empêche d'être satisfait d'adorer à distance, la jalousie qui se tourmente de ce que d'autres puissent aimer et adorer aussi. L'étudiant qui désire se vouer véritablement au but suprême, doit se garder libre de toute entrave, libre pour le travail. Que le raisonnement spécieux de sa passion ne l'illusionne pas, comme le cas s'est présenté pour beaucoup; qu'il ne tombe pas dans l'erreur de croire qu'il peut travailler mieux dans les chaînes. Mais rappelons une fois de plus que ceci concerne seulement l'homme qui est absolument résolu à avancer jusqu'à la fin. A défaut de cette haute résolution, on peut faire beaucoup de bon ouvrage et même beaucoup de progrès en prenant avantage des ennuis et des épreuves de la vie du monde, en s'efforçant de vivre le plus hautement possible même dans les chaînes.

On met quelquefois en avant une autre excuse encore, c'est la nécessité de fournir des corps aux classes élevées d'egos qui en auront besoin pour accomplir leur tâche. On argue que les étudiants peuvent certainement pourvoir à cela mieux que les bonnes gens du monde extérieur, il en est probablement ainsi, et dans certains cas très rares, des étudiants ont reçu dans ce seul but l'ordre de se marier, mais il est sûrement plus sage d'attendre un pareil ordre d'une source qui ne peut être mise en doute.

En attendant, nous avons beaucoup de bons membres mariés qui sont parfaitement aptes à fournir des corps pour les travailleurs de l'avenir. Réellement, il ne peut y avoir d'honneur plus grand que d'être choisi par la Divinité Karmique pour donner naissance à ces corps, si ce n'est l'honneur plus grand encore de les entraîner quand ils sont nés. Que l'œuvre de l'étudiant qui garde encore ses liens avec le monde soit donc de les engendrer et que ceux qui se sentent capables de la vie supérieure les éduquent. Car, en vérité, nul homme ne peut servir deux maîtres, et le sentier de l'occultisme réclame les énergies totales du corps, de l'âme et de l'esprit.

LES CHANGEMENTS DANS NOTRE CONSCIENCE

La conscience humaine a des possibilités merveilleuses, et ce que nous appelons communément de ce nom n'en est que le fragment dont nous pouvons nous servir pour le moment. Etablissons une comparaison tirée de l'action de nos sens physiques. La gamme des vibrations est très étendue. Un certain nombre de vibrations à un certain niveau nous apparaît comme lumière; un autre nombre à un niveau beaucoup plus bas se révèle à nous comme un son. Nous sommes conscients en différentes manières d'autres groupes intermédiaires de vibrations. Mais notre connaissance de la science nous avertit que la gamme s'étend à ses deux extrémités bien au delà de nos possibilités de perception.

Nous pouvons, comparant la conscience humaine à la gamme, dire que le fragment maintenant en action dans le cerveau physique, correspond au bloc d'oscillations que nous appelons le son. Poussant plus loin la même analogie, nous pouvons supposer que notre bloc de conscience astrale correspond aux ondes que nous appelons la lumière; mais, ici encore, beaucoup d'ondulations que nous ne pouvons pas voir, sont capables de produire la lumière, ondulations au-dessous et au-dessus de notre limite de vision. Exactement ainsi, il y a au-dessous et au-dessus de notre conscience astrale, de plus lointains modes de vibration auxquels notre conscience des choses n'est pas adaptée, mais est susceptible de l'être.

Elle peut y être adaptée de deux manières : continuellement et intentionnellement par un développement de cette conscience tel qu'elle puisse recevoir davantage de ces ondes qui dépassent en deçà et au delà ses possibilités normales; ou temporairement, du fait de quelque maladie ou anomalie qui modifie son octave en haut comme en bas. Le développement des pouvoirs psychiques de toutes sortes est un exemple du premier cas. Je n'entreprendrai pas de les examiner ici, car je l'ai déjà fait dans d'autres livres : *Clairvoyance, L'Autre Côté de la Mort* et *Echappées sur l'Occultisme.* Diverses drogues ont le pouvoir de changer ou d'élargir le champ de la conscience et ainsi nous mettent à même de voir des choses normalement invisibles, quelquefois au détriment temporaire de notre pouvoir ordinaire de vision, quelquefois aussi sans nous en priver.

Ce que nous appelons notre conscience physique n'est pas une grandeur fixe et déterminée qui a toujours été la même. Elle s'est développée graduellement pour devenir ce qu'elle est, et beaucoup de choses précédemment au delà de sa portée sont passées maintenant en deçà, ou plus exactement elle s'est développée de telle sorte qu'elle s'est élevée au-dessus. Son niveau s'élève graduellement, nos descendants verront des couleurs qui nous sont invisibles à l'heure actuelle; couleurs plus vives, plus pures et plus délicates. Qu'ils perdent ou non en même temps la possibilité d'apprécier quelques-unes des couleurs grossières que nous connaissons maintenant est chose incertaine.

Le délire modifie la place de la conscience et souvent en même temps nous ferme le monde de chaque jour, nous donnant quelquefois à sa place des souvenirs de notre passé, non seulement de celui de notre vie, mais du passé depuis longtemps oublié de la race humaine. Une vue telle que la donne le délire inclut souvent la possibilité de voir les propres formes-pensées du malade, ou celles des autres, et même quelquefois les créatures astrales et éthériques qui sont autour de lui. Dans le cas du delirium tremens, par exemple, ce sont presque invariablement les serpents et autres horreurs, créatures de type inférieur, qui se repaissent des fumées de l'alcool exsudées par le corps de l'ivrogne.

CHAPITRE XVII

PAR NOS AMUSEMENTS

LES JEUX DES ENFANTS

Il y a un côté caché même à une chose habituellement considérée comme ayant aussi peu d'importance que les jeux des enfants. S'il arrive aux parents d'y penser, c'est probablement surtout du point de vue physique. Soit qu'ils désapprouvent les jeux d'une manière générale, comme causant la destruction des habits ou détournant l'enfant de son travail d'école, soit qu'ils les admettent comme un moyen qualifié de les débarrasser coûte que coûte de l'enfant pendant un certain nombre d'heures, ou de lui procurer l'exercice qu'ils reconnaissent être nécessaire au développement de son corps. Quelquefois aussi ils sont très exigeants quant aux « associations » de l'enfant, cela d'un point de vue social, et occasionnellement aussi d'un point de vue religieux ou moral très arrêté, mais il est probable que la plupart des parents regardent le jeu comme une sorte de mal nécessaire.

Ils ne comprennent pas le moins du monde qu'un jeu, s'il est joué comme devraient l'être tous les jeux, est une leçon d'une valeur inestimable, car rien ne peut inculquer mieux que lui les vertus de l'honneur, de la générosité et l'esprit chevaleresque. L'honneur en premier lieu, parce qu'il faut rester avec la plus grande loyauté dans les règles du jeu, un succès apparent obtenu par une infraction aux règles, si petite soit-elle, n'étant plus un succès mais une disgrâce profonde, que le délit soit connu des autres ou seulement du coupable. La générosité, car en beaucoup de jeux il faut, pour gagner, que l'unité soit subordonnée à l'ensemble, que chaque joueur, au lieu de rechercher sa glorification personnelle, recherche l'avantage du camp où il joue. Aucun de ceux qui sont témoins de l'obéissance instante, prompte, si volontairement consentie dans toute bonne école, au capitaine d'un onze au cricket, ou au conducteur de l'équipe d'un bateau, ne peut manquer de remarquer que c'est là une discipline des plus valeureuses, apprenant à chacun à accepter loyalement et à accomplir parfaitement le devoir assigné, à regarder le bien du club plutôt que ses ambitions personnelles. L'esprit chevaleresque, à cause de la règle, invariable chez tous les jeunes garçons bien élevés, qui est de donner à l'adversaire le bénéfice de tout point douteux, et de refuser de profiter de tout avantage accidentel. C'est un malheur, en vérité, pour un pays quand cet honneur, cette générosité, cet esprit chevaleresque ne se trouvent pas chez ses enfants, car l'enfant est l'homme de demain, et l'arbre s'incline du côté où le rameau est courbé.

La grande chose à graver chez l'enfant est celle-ci : bien que le devoir soit de toujours faire de son mieux pour le camp où l'on joue, en réalité il importe peu de gagner, car l'exercice et le plaisir du jeu sont les mêmes dans un cas comme dans l'autre. Il faut lui expliquer qu'il doit agir non seulement avec droiture, mais avec bonne grâce et bienveillance, qu'il doit toujours être prêt à applaudir un beau jeu de l'adversaire et ne jamais exulter aux dépens de ceux qui sont vaincus, mais s'efforcer de leur trouver des excuses et réduire au minimum le désappointement qu'ils ressentiront naturellement de leur défaite.

Les autres, il est vrai, n'agiront pas toujours ainsi envers lui, mais il n'a pas à s'en inquiéter ou à s'en désoler d'aucune façon, puisque cela prouve seulement qu'ils n'ont pas encore atteint le niveau d'où ils puissent se mettre mentalement à la place de leurs adversaires. Il est très naturel qu'un enfant se réjouisse de la victoire de son école ou de son camp, mais il doit apprendre à ne pas montrer sa joie d'une façon susceptible de blesser en quoi que ce soit les sentiments d'un autre.

Il ne doit jamais trouver plaisir ou amusement à rien de ce qui blesse ou tourmente une autre créature, que ce soit un camarade d'école ou un animal. La tendance que montrent certains enfants mal élevés à taquiner un animal ou un autre enfant, est une manifestation de cruauté, et on doit expliquer à l'enfant que la cruauté quelle qu'elle soit est un des pires crimes. L'enfant ne doit jamais oublier de se mettre par la pensée à la place de l'autre, et grâce à cela de manifester la camaraderie, la bonté et l'affection les plus parfaites, d'être toujours disposé à laisser de côté ce qu'il désire dans le but de faire plaisir aux autres enfants et de faire ce qui leur plaît.

Il y a quelque temps, assistant aux courses de bateaux du collège, à l'une de nos grandes Universités, j'ai noté un exemple intéressant d'esprit chevaleresque. Un certain collège tenait incontestablement depuis des années la première place dans les affaires nautiques, mais cette fois un autre collège réussit à gagner plusieurs places et finalement atteignit la situation convoitée de « chef de la rivière », battant ceux qui la tenaient précédemment. Naturellement, il y eut grande réjouissance, on organisa une procession triomphale dans laquelle, non seulement la bannière du bateau gagnant, mais aussi ses avirons et son gouvernail, furent ramenés au collège dans une ovation enthousiaste. Dans sa marche triomphale, la foule des étudiants du collège victorieux avait à passer le long de la rivière devant la longue file de garages des bateaux; soudain, la joyeuse troupe se tut, roula son drapeau, baissa ses avirons, essayant manifestement de s'effacer, de prendre à la hâte une attitude aussi discrète que possible. Je demandai ce qui se passait, on me dit qu'ils approchaient du garage qui avait tenu si longtemps la suprématie et qu'il serait évidemment de mauvais goût de paraître se glorifier aux dépens des vaincus en fêtant la conquête devant eux. C'est pourquoi nos vainqueurs essayaient à ce moment de ressembler autant que possible à des étudiants ordinaires regagnant paisiblement la maison; mais leur tentative magnanime échoua, du moins en partie, car avant qu'ils aient pu passer furtivement, l'équipage vaincu et leurs compagnons les ayant vus s'élancèrent de leur garage pour les applaudir vigoureusement, pendant que leur capitaine courait au grand mât de pavillon du garage et serrait le drapeau de son collège en signe de joyeuse soumission au sort. En fait d'expression spontanée de bons sentiments de la part de ces jeunes garçons frais émoulus de l'école, ceci me fit grand plaisir, et je dus remarquer que l'opinion publique, parmi eux, était saine et enviable.

LE SPORT

Les amusements des adultes ne sont malheureusement pas toujours aussi inoffensifs et aussi salutaires que ceux des enfants. Il n'y a rien à dire contre le cricket ou le golf; l'aviron et la natation sont admirables aussi, en ce sens qu'ils mettent les corps éthérique, astral et mental en contact plus étroit avec les esprits de la nature de l'eau, et leurs influences, qui contrastent agréablement avec celle qu'on peut trouver sur la terre ferme. Ceci est plus vrai encore si l'on pratique la nage en mer, car la variété y est plus grande. Un tel changement d'impression est toujours salutaire, il met en vibration de nouvelles parties des différents corps, ce qui ajoute énormément à leur santé générale.

Mais il est impossible de jamais réprouver assez la cruauté révoltante de ce qu'on nomme quelquefois improprement sport. Inutile de le dire, le crime qui a trait au meurtre d'animaux sans défense, contrebalance de loin tout le bénéfice qui pourrait occasionnellement résulter du grand air et de l'exercice. La chose en elle-même est horrible au delà de toute expression, et l'on comprend difficilement comment des gens civilisés, qui sont à d'autres égards des gens de cœur, peuvent prendre part à de telles abominations, et non seulement y prendre part, mais apparemment trouver plaisir à l'effusion du sang, à la cruauté, et rivaliser l'un l'autre dans l'œuvre diabolique de la destruction. Aucun pays où se passent de telles choses ne peut prétendre qu'il est réellement civilisé, et il est certain que quand nos descendants regarderont en arrière vers cette période, ils auront peine à croire que nous nous y soyons réellement adonnés.

Tous les genres de chasse sont passibles de semblable réprobation. En dehors même de la souffrance, de la misère et de la mort infligés au renard, au daim, au lièvre, à la loutre, il y a toute la question de la perversité développée dans le dressage des chiens à une telle besogne. Le chien est l'un des animaux domestiques qui ont été placés sous la garde de l'homme afin que ce dernier l'aide à avancer dans son évolution. L'homme ne l'aide pas, mais fatalement le retarde quand il l'exerce à être plus féroce que le loup ou le tigre, quand il lui apprend à tuer, non pour manger comme le font les bêtes sauvages, mais par simple goût de tuer. Cette destruction, de gaieté de cœur, de don merveilleux de la vie « que tous peuvent prendre mais que nul ne peut rendre » accumulera sûrement une lourde dette sur les individus qui s'y livrent, et sur le pays où l'opinion publique l'autorise.

Il en découle encore une autre chose terrible, c'est que nos enfants imitent notre cruauté irréfléchie, et ainsi de jeunes âmes qui seraient par nature bonnes et secourables sont conduites à ces actions criminelles. Nous ne pouvons guère nous étonner qu'un garçon pêche, chasse ou fasse tuer par son chien quelque créature vivante, s'il voit constamment son père agir de la sorte. Nous donnons ainsi aux jeunes une teinte si tenace de cruauté que, même après leur mort, elle persiste dans l'astral, et nous retrouvons chez le garçon mort la tendance qu'il avait étant vivant : tuer quelque chose, le faire souffrir et le terroriser. Mais, à moins que l'exemple honteux qui fut donné à l'enfant ne l'ait rendu complètement méchant, il est en vérité plus facile dans le monde astral que dans le monde physique de faire appel à ses bons sentiments, parce que dans l'astral nous pouvons lui montrer à l'instant quelle est la sensation exacte de la créature traquée puisqu'elle apparaît en changements et en jaillissements de couleurs. Nous pouvons donc invoquer le bon côté de la nature de l'enfant en lui montrant d'une façon précise ce qu'il a fait. Nous avons aussi dans le monde astral l'avantage de pouvoir faire dévier ce cruel instinct de la chasse, cette passion de la destruction, en l'orientant vers l'acte utile qui consiste à démolir les horribles formes-pensées, celles de démons par exemple, faites par les gens infortunés qui souffrent sous le joug du Calvinisme ou autre enseignement religieux impie, analogue à celui-là. Ces formes-pensées, inoffensives pour celui qui les comprend sont souvent une source de grande terreur pour l'ignorant, et comme elles n'ont en elles aucune vie réelle, le fait de les détruire n'implique pas de péché. Cet ouvrage, au contraire, développe et l'esprit chevaleresque et le courage du garçon, l'incitant à voyager comme un chevalier errant qui aide et protège les faibles, et affronte pour les défendre ce qui lui semble être les monstruosités les plus formidables.

LA PÊCHE

La pêche est une autre manifestation de ce goût du massacre, et bien des gens s'y adonnent, qui répugneraient à d'autres formes de distraction où l'effusion du sang est plus évidente, car ici, au lieu de tuer un oiseau ou de l'estropier d'un coup de fusil, ils sortent simplement la créature de son élément et la laissent mourir lentement par suffocation. Bien qu'il soit difficile de comprendre comment il peut en être ainsi, je crois que cette cruauté atroce est en grande partie un manque de réflexion, et l'effet funeste des formes-pensées collectives s'attroupant autour d'une coutume qui nous vient des temps barbares des Ages Sombres.

LES COURSES

Les courses sont encore un autre soi-disant sport qui ne mérite que condamnation. En lui-même, le fait que des chevaux, s'ils ne sont ni frappés ni autrement maltraités, courent l'un contre l'autre, n'est pas plus répréhensible qu'une course de jeunes garçons ou d'hommes; mais, ainsi qu'il en va à présent, toute la masse des idées qui s'amoncellent autour du turf est condamnable au plus haut degré, et, du point de vue occulte, l'atmosphère en est un véritable enfer. Tricheries, fraudes, fourberies, anxiété insensée, avarice, mensonges haineux et délibérés font de la scène entière un indescriptible cauchemar d'horreurs. Pourtant, on rencontre là des hommes convenables qui, chose pire encore, soumettent leurs femmes et leurs filles au magnétisme effroyable d'un tel lieu. Ignorance encore et manque de réflexion.

LE JEU

Toute personne qui prend part à une course a son lot de responsabilité de toute l'immoralité du jeu qui s'y rattache, et de la ruine des milliers de gens qu'il apporte à sa suite. Même sur le plan physique, les maux du jeu et des paris sont certainement assez évidents; mais, vus des mondes supérieurs, ils sont cent fois pires. C'est probablement pour l'émotion que les hommes se plongent dans cette folie, mais c'est une forme d'émotion qui soulève les pires passions et ne peut être que nuisible, car l'effet moral produit sur un homme qui gagne est en général aussi mauvais au moins que sur celui qui perd.

Les lecteurs de *Formes-Pensées* se rappelleront les images effrayantes qui y sont données des formes-pensées du gagnant et du perdant; quant à ceux qui peuvent voir de telles choses par eux-mêmes, ils n'ont besoin de personne pour les informer du mal que fait le jeu. Sous quelque forme qu'il se présente, il ne peut entraîner que du mal, mais si l'on devait décider quelle en est la forme la moins répréhensible, ce serait celle qu'on pratique au Casino fameux de Monte-Carlo; car là, le jeu est du moins honnête, la victime voit ses chances à l'avance; elle gagne ou perd contre une entité impersonnelle : la banque, et ainsi ne ruine personne avec évidence ni intention.

Du point de vue occulte, le pari, la boisson, la nourriture carnée et le massacre de créatures vivantes dans le soi-disant sport sont les grandes taches qui ternissent le beau renom de la nation anglaise. Si tout cela pouvait disparaître, nous aurions fait plusieurs grands pas sur le chemin de la civilisation.

Bien que l'occultisme condamne d'une façon non équivoque toutes ces formes de soi-disant sport qui, d'une manière ou d'une autre blessent des créatures vivantes, il n'y a en lui aucune trace du point de vue puritain d'après lequel tout ce qui fait plaisir est nécessairement mal. Au contraire, dans l'esprit de l'occultiste, l'encouragement au plaisir vient aussitôt après l'encouragement au progrès. Il est bon de faire plaisir à quelqu'un; il est bien meilleur encore de l'aider sur le sentier du progrès, mais le mieux de tout, quand c'est possible, est de combiner les deux. Ainsi, l'occultiste fait bon accueil à l'amusement inoffensif; sous la seule clause conditionnelle que cet amusement « restera » inoffensif, qu'il n'impliquera ni souffrance, ni peine, ni même malaise ou ridicule pour aucune créature vivante.

LE THÉATRE

Le côté caché d'un spectacle au théâtre dépend entièrement de la nature du spectacle. Les passions dépeintes par les acteurs n'étant en aucun sens réelles ne produisent pratiquement aucun effet sur la matière supérieure, mais par malheur, il semble y avoir assez souvent beaucoup de vanité dans l'action de jouer, et beaucoup de jalousie de la part des autres acteurs. Autant qu'ils existent, ces sentiments représentent des influences indésirables. Le principal effet à observer au théâtre est le résultat des sentiments excités dans l'auditoire, et ceux-là encore dépendent du genre de la pièce. Il semble presque toujours y avoir un courant inférieur de sensualité dirigé vers les actrices principales, mais la majorité de l'auditoire suit habituellement l'intrigue de la pièce, ressent pour le traître une sorte de vague haine, et d'aimable plaisir quand le héros réussit à détruire ses machinations. Quelques ingénus se jettent réellement cœur et âme dans la pièce et elle est pour eux à ce moment, exactement la vie réelle. Ceux-là projettent *de fortes émotions de toutes sortes, à mesure que la pièce se déroule,* mais, d'habitude, leur nombre n'est pas suffisant pour compter dans l'aura générale du théâtre. Malheureusement, beaucoup de pièces modernes sont, en elles-mêmes, d'une nature tout à fait condamnable, et les formes-pensées de ceux qui les patronnent sont naturellement d'un caractère déplaisant.

On peut résumer la question en disant que, pour beaucoup de gens, aller au théâtre équivaut à lire une histoire, quoique au théâtre les caractères soient présentés d'une façon qui les leur rend plus réels. Il y en a d'autres, au contraire (ce sont peut-être les gens plus imaginatifs) qui, lisant une histoire, font de tous les caractères, des formes-pensées qui leur paraissent bien plus vivantes et plus appropriées que ne peut l'être aucune représentation au théâtre. Ceux-là sont toujours désappointés quand ils vont voir à la scène une de leurs histoires favorites.

D'autres, à qui l'imagination manque pour revêtir eux-mêmes les personnages de formes définies, sont très contents que l'art dramatique le fasse pour eux. Pour ceux-là, et ils constituent la majorité des habitués des théâtres, une représentation n'est pas plus dangereuse que la lecture d'un roman, exception faite de l'ambiance déplaisante — teinte de sensualité dans l'auditoire, vanité et jalousie chez les acteurs, ainsi que j'en ai parlé précédemment, et le fait de passer une couple d'heures dans une atmosphère viciée, au milieu d'une foule plus ou moins excitée. Du point de vue occulte, ces dernières considérations contrebalancent presque nettement l'avantage de tout agrément pouvant résulter de la représentation.

QUATRIÈME SECTION

Comment nous influençons les autres

CHAPITRE XVIII

PAR CE QUE NOUS SOMMES

LA SOLIDARITÉ HUMAINE

Il est évident que nous exerçons une influence sur nos semblables, que nous le désirions ou non; car si des influences diverses agissent constamment sur nous, il est clair que nos actions font à leur tour partie des influences qui agissent sur les personnes vivant dans notre voisinage. Les hommes sont tous si étroitement liés que nul ne peut vivre sa vie par lui-même, chacune de ses pensées et de ses actions produisant son résultat sur autrui, non seulement parce que les gens voient nos actions sur le plan physique et les imitent, mais parce qu'ils sont influencés par le rayonnement invisible des vibrations de nos pensées et de nos sentiments.

Nous influençons nos semblables de trois manières: par ce que nous sommes; par ce que nous pensons et désirons; par ce que nous disons et faisons.

Nous les influençons par ce que nous sommes, car ce que nous sommes s'exprime dans nos divers véhicules, et ceux-ci déversent constamment des vagues d'influence qui tendent à se reproduire, c'est-à-dire à contaminer les autres individus.

Par conséquent, ce que nous désirerions que soient les autres, il nous faut d'abord l'être nous-mêmes. Quel est donc l'idéal que nous devrions nous proposer à ce sujet? Beaucoup diront : « Etre bon », et c'est évidemment le premier point; mais nous pouvons le considérer comme sous-entendu. Car quiconque est assez avancé pour penser qu'il peut être de son devoir d'influencer le monde doit, par hypothèse, s'efforcer de mener une vie droite. Supposons donc présents la bonne intention et les efforts sincères, et voyons ce que nous pouvons faire pour améliorer par notre exemple le monde autour de nous. Je crois que le premier devoir est d'être heureux et en paix avec soi-même.

LE DEVOIR D'ÊTRE HEUREUX

Prenons d'abord le bonheur. A n'en pas douter, la Divinité destine l'homme au bonheur. Le bonheur est un devoir; je ne parle pas ici simplement de la tranquillité philosophique, bien que ce soit certainement une bonne chose; j'entends le bonheur effectif. Le posséder est un devoir, non seulement envers la Puissance divine et envers nous-mêmes, mais envers les autres, comme je vais le montrer. C'est même un devoir dont la réalisation n'est pas difficile, si nous voulons seulement exercer la faculté inestimable du bon sens. Et cependant, en général, les hommes et les femmes sont souvent malheureux; pourquoi?

Ce que l'on appelle être malheureux est un état mental, aussi la souffrance qui provient de la maladie ou des accidents n'entre-t-elle pas précisément dans le cadre de notre sujet, bien qu'il y ait souvent là aussi un côté mental susceptible d'être grandement amélioré par l'usage de la raison. La Justice éternelle régit le monde, et par conséquent rien ne peut nous arriver que nous ne l'ayons mérité; et comme cette Justice est aussi Amour éternel, tout ce qui nous arrive a pour but de nous aider à nous développer, et peut effectivement le faire si nous voulons l'accepter dans l'esprit convenable et essayer d'apprendre la leçon que cela est destiné à nous enseigner. Ceci étant — et ceux qui ont sondé le plus profondément les mystères de la vie et de la mort savent qu'il en est ainsi — maugréer ou gémir sur ses souffrances, c'est non seulement gaspiller beaucoup de force en pure perte, mais aussi considérer la vie sous un jour aussi faux que déraisonnable, et perdre ce qui devait être une occasion.

Considérons quelques-unes des causes les plus fréquentes qui rendent malheureux tant de gens, afin de voir comment y porter remède. Les hommes se sont ingéniés à inventer des raisons pour se rendre malheureux, mais la plupart d'entre elles peuvent se classer dans l'une ou l'autre de ces quatre catégories : désir, regret, crainte, tourments.

Le désir. — Les hommes sont malheureux parce qu'ils soupirent perpétuellement après ce qu'ils n'ont pas, après la richesse, la renommée, le pouvoir, une position sociale supérieure, le succès dans toutes sortes d'entreprises. Je n'oublie pas que contentement peut être parfois synonyme de stagnation, et que ce qui a été appelé « le divin mécontentement » est une nécessité pour le progrès. Chercher sans cesse à se perfectionner, à améliorer sa situation, à augmenter son pouvoir d'être utile aux autres, tout cela est bon, louable et contribue à notre évolution; mais la plus grande partie de notre mécontentement est tout le contraire du divin, parce qu'il n'est pas un désir de nous améliorer et de rendre service, mais plutôt un simple désir égoïste des satisfactions personnelles que nous espérons tirer de la richesse ou de l'exercice du pouvoir; et c'est pourquoi il cause tant de douleurs. Marchez de l'avant avec toute l'ardeur qu'il vous plaira, mais soyez heureux dans votre marche, soyez heureux dans les échecs, et que la masse de vos occupations ne vous empêche jamais de tendre une main secourable à vos compagnons de pèlerinage.

Parmi les formes multiples de l'ivraie géante qu'est le désir, les plus vénéneuses sont l'envie et la jalousie. Si les hommes voulaient apprendre à s'occuper de leurs propres affaires et à laisser tranquilles leurs voisins, bien des causes fertiles de souffrance disparaîtraient. Que vous importe qu'une autre personne soit plus riche que vous, ait une plus grande maison, un plus grand nombre de domestiques, de meilleurs chevaux, ou que sa femme puisse se permettre plus d'excentricités que la vôtre dans sa toilette? Toutes ces choses offrent à votre voisin une certaine catégorie d'occasions, mettent à l'épreuve sa faculté de s'en servir convenablement; il peut réussir ou échouer dans cette épreuve, mais en tout cas vous n'êtes pas son juge, et votre devoir est certainement de ne pas gaspiller votre temps à le critiquer et à l'envier, mais d'être parfaitement certain que vous accomplissez vous-même dans toute leur rigueur les devoirs appartenant à votre situation.

De toutes les passions dans lesquelles se complaît la pauvre nature humaine, la jalousie est peut-être la plus ridicule. Elle prétend aimer ardemment, et s'oppose néanmoins à ce que d'autres partagent sa dévotion, alors que l'affection altruiste ne trouve qu'un motif supplémentaire de joie à voir l'objet de son adoration universellement apprécié. La jalousie redoute pardessus tout les preuves de l'inclination d'autrui envers son idole, et cependant elle recherche avec zèle ce qui pourrait la confirmer dans ses soupçons, et prend toute la peine possible pour se prouver à elle-même l'existence de ce qu'elle hait le plus. On voit donc quelles souffrances inutiles évite l'homme assez fort et raisonnable pour s'en tenir à ses propres affaires et refuser absolument de se prendre dans les mailles de l'envie ou de la jalousie.

Dominez vos désirs et cultivez le contentement; que vos besoins soient peu nombreux et simples, ayez l'ambition de progresser et de devenir utiles plutôt que d'acquérir des possessions matérielles, et vous trouverez que vous avez éliminé une des causes les plus fertiles et les plus puissantes de douleur.

Les regrets. — Il est pénible de penser que chaque jour des milliers de personnes souffrent de l'angoisse inutile, sans but et sans espoir, que provoquent les regrets. Peut-être aviez-vous la richesse et l'avez-vous perdue; peut-être aviez-vous une belle situation, qui vous a depuis échappé. Mais ce ne sont pas là des raisons pour gaspiller votre force et votre temps en lamentations inutiles. Mettez-vous de suite à gagner de l'argent, à vous créer une autre situation. « Laissez les morts enterrer leurs morts », et tournez vos pensées vers l'avenir.

Telle est la conduite à tenir, et il faut l'adopter même lorsque la perte a été occasionnée par votre propre faute, même lorsque ce que vous regrettez est un péché. Vous avez peut-être échoué, comme bien d'autres l'ont fait avant vous, mais vous n'avez pas de temps à gaspiller en remords. Si vous êtes tombé, ne restez pas à vous lamenter dans la boue, mais levez-vous de suite et poursuivez votre chemin avec plus de prudence. Tournez votre visage vers l'avant, et marchez résolument. Si vous tombez mille fois, eh bien! relevez-vous mille fois et continuez votre chemin; il est tout à fait inutile de rester découragé sur le bord de la route! Il y a autant de raisons pour faire la millième tentative qu'il y en avait pour faire la première, et si vous persévérez le succès est certain, car votre force croît par la répétition des efforts. Un Maître dit une fois : « Le seul repentir qui ait un peu de valeur est la résolution de ne pas commettre de nouveau le même péché ». L'homme sage n'est pas celui qui ne fait jamais d'erreurs, mais celui qui ne fait jamais la même erreur deux fois.

Le plus grand de tous les regrets, je le sais bien, est celui qui soupire après « le contact d'une main disparue, le son d'une voix maintenant silencieuse ». Cependant, cette douleur sacrée entre toutes peut se dissiper si nous voulons nous donner la peine de comprendre. Lorsque ceux que nous aimons disparaissent à la vue de nos yeux physiques, nous ne sommes plus maintenant laissés devant un mur sans issue, nous cramponnant désespérément à une incertitude nébuleuse, espérant en dépit de tout espoir en quelque réunion future, comme devaient le faire nos aïeux pour la plupart.

La science foule maintenant des régions où l'ignorance trônait autrefois, et quiconque est prêt à examiner les preuves disponibles, peut se convaincre que la mort n'est que le passage d'une chambre à une autre, la porte menant à une vie plus haute et plus intense; que nous n'avons nullement *perdu* nos amis, comme nous le disons si souvent à tort, mais que nous avons momentanément perdu la faculté de les voir. Un peu d'étude patiente des faits nous permet bientôt de passer de la contemplation égoïste de la perte que nous croyons avoir faite à la certitude glorieuse qui s'ouvre devant ceux qui nous sont plus chers que nous-même; et ainsi une des formes les plus tristes de douleur se trouve grandement atténuée alors même qu'elle n'est pas entièrement écartée.

La peur. — Je crois que ceux-là seuls qui, comme certains membres du clergé, ont eu des occasions spéciales de connaître le côté intime de la vie humaine, savent jusqu'à quel point l'humanité souffre de la peur de la mort. Bien des hommes qui affrontent bravement le monde, riant et plaisantant avec leurs amis, gémissent néanmoins intérieurement sous le poids d'une terreur secrète, sachant que la mort doit venir, et craignant de voir s'abattre l'épée. Cette crainte est cependant tout à fait superflue, et ne vient que de l'ignorance, comme d'ailleurs toute crainte; car ceux qui comprennent la mort n'éprouvent nul effroi à son approche. Ils savent que l'homme ne meurt pas, mais met simplement de côté son corps comme on met de côté un habit usé; et pour ceux-là l'un n'est pas plus terrible que l'autre. L'homme qui, dans ce XXe siècle, n'est pas au courant des faits concernant la mort, est uniquement celui qui n'a pas pris la peine de s'occuper du sujet, et s'il souffre de la peur de ce qui n'existe pas, il n'a qu'à s'en prendre à lui-même.

Beaucoup de gens sont hantés par l'appréhension de la ruine, la perspective de tomber dans la pauvreté. Des milliers de personnes parviennent tout juste à vivre avec ce qu'elles gagnent, et sentent que, si par suite de la maladie ou d'une autre cause leurs revenus venaient à manquer, elles seraient aussitôt plongées dans la plus noire détresse. Même lorsque ce danger est réel, on ne gagne rien à s'y appesantir; cette anxiété perpétuelle n'est d'aucune utilité à ceux qui s'y abandonnent; ils ne sont nullement plus en sécurité en laissant cette crainte planer sur eux et assombrir leurs jours.

Ces pauvres âmes devraient, elles aussi, chercher à comprendre la vie, à saisir le but du grand plan de l'évolution dont elles constituent une partie; car lorsqu'elles le comprendront un peu elles se rendront compte que rien n'advient par hasard, mais qu'en vérité toutes choses tendent vers le bien, et qu'ainsi la douleur, les ennuis et les chagrins ne peuvent venir à moins qu'ils ne soient nécessaires, à moins qu'ils n'aient leur rôle à jouer dans le progrès qui doit suivre. Alors, elles regarderont l'avenir avec espoir et non avec crainte, sachant que si chaque jour elles font loyalement de leur mieux, elles n'auront rien à se reprocher, quoi que le lendemain puisse apporter.

Les soucis. — Les mêmes considérations nous montrent la futilité des soucis et des lamentations. Si le monde est entre les mains de Dieu, et si nous travaillons tous sous ses lois immuables, notre rôle est évidemment de faire notre devoir dans notre petite sphère, chercher à nous mouvoir intelligemment avec le puissant courant du progrès; mais se plaindre de la façon dont vont les choses ou se tourmenter au sujet de la tournure que prendront les événements, c'est évidemment le comble de la folie. Combien souvent n'entendons-nous pas dire : « Si ce n'était pour les circonstances adverses qui me contrarient, je serais en vérité quelqu'un; je vous montrerai vite ce que je puis faire dans tel ou tel ordre d'idées; mais, entravé comme je le suis, que pouvez-vous espérer de moi? »

Or, la personne qui parle ainsi n'a aucune idée de

la valeur de la vie. Chaque homme préférerait sans doute une série de circonstances qui lui donneraient la possibilité d'employer les pouvoirs qu'il possède déjà, de montrer ce qu'il peut faire. Mais il faut nous souvenir que la Nature veut nous développer dans toutes les directions et non uniquement dans une seule; et pour cela nous nous trouvons souvent jetés dans des conditions où nous *devons* faire précisément les choses que nous disons ne pas savoir faire, afin d'apprendre une leçon et développer le pouvoir qui est maintenant latent en nous.

Ainsi, au lieu de nous asseoir et de nous plaindre d'être sous la domination de circonstances adverses, notre tâche est de nous lever et de dominer les circonstances par nous-mêmes. L'homme faible est l'esclave de son entourage; le fort apprend à le dominer, ce qui est précisément son rôle.

Voyez en outre combien nous nous tourmentons à propos de ce que les autres pensent de nous, oubliant que nos actes ne les concernent nullement, tant qu'ils ne les gênent pas, et que leur opinion n'est après tout d'aucune importance. Nous devons chercher à faire notre devoir tel que nous le voyons, et essayer d'aider notre prochain toutes les fois que l'occasion s'en présente. Si votre conscience approuve votre action, aucune autre critique ne doit vous troubler. C'est envers votre Père qui est aux Cieux que vous êtes responsables de vos actes, et non envers Mme Une telle, qui regarde à travers sa jalousie là-bas.

Peut-être cette digne femme a-t-elle dit quelque méchanceté sur votre compte, et une demi-douzaine de bons amis se sont fait un devoir de la répéter en l'exagérant. Si vous êtes déraisonnable vous en serez grandement offensé, et une antipathie s'établira, qui pourra durer des mois et rejaillir sur une foule de personnes innocentes; naturellement, vous rejetterez la responsabilité de tous ces désagréments sur votre voisine dont il vous aura plu de relever les remarques et de vous en offenser! Faites preuve de bon sens un instant, et pensez comme tout cela est ridicule.

En premier lieu, neuf fois sur dix, votre voisine n'a pas prononcé les paroles incriminées, ou ne leur a pas donné la signification que vous leur attribuez, de sorte que vous êtes probablement fort injuste à son égard. Et même si elle les a vraiment dites, et avec intention, c'était probablement sous l'empire d'une exaspération dont vous ne connaissez pas la cause, peut-être avait-elle été tenue éveillée toute la nuit par un mal de dents ou un enfant qui criait. Or, il n'est ni charitable, ni digne de relever une parole échappée dans un moment d'irritation. Cette dame eut certes bien tort de parler ainsi, et elle aurait dû faire preuve de la même charité angélique dont vous donnez l'exemple en toute occasion; je ne la défends pas le moins du monde; je suggère seulement que si elle a fait une chose inconsidérée ce n'est pas une bonne raison pour que vous en fassiez autant.

Après tout, quel mal vous a-t-elle fait? Ce n'est pas elle qui est responsable de vos ennuis, mais votre inconséquence. Que sont ses paroles, sinon une simple vibration de l'air. Si vous ne les aviez pas entendues vous ne vous seriez pas senti offensé, et néanmoins son rôle dans le processus aurait été le même. Par conséquent, le sentiment de colère est de votre fait et non du sien; vous vous êtes sans nécessité laissé plonger dans un état d'excitation extrême par quelque chose en réalité impuissant à vous influencer. C'est votre propre orgueil qui a excité votre colère et non les paroles oiseuses de cette personne. Réfléchissez et vous vous rendrez compte qu'il en est bien ainsi. Il suffit d'un peu de bon sens pour faire cette constatation, et cependant combien peu de gens ont une vision assez claire pour considérer les choses sous ce jour! Et combien de souffrances inutiles seraient évitées si nous nous servions davantage de notre raison et moins de notre langue.

Ces considérations nous montrent que les nuages qui s'opposent au bonheur peuvent être dissipés par la connaissance et la raison; et il est incontestablement de notre devoir et de notre intérêt de nous atteler vigoureusement à cette dispersion. C'est notre intérêt, étant donné qu'une fois ceci accompli notre vie sera plus longue et plus fertile : « Un cœur joyeux marche tout le jour; un cœur triste s'arrête au bout d'un kilomètre ». Tirez de toutes choses le mieux et non le pire; cherchez dans le monde le bien et non le mal. Que vos critiques soient de cette heureuse espèce qui se précipite sur une perle avec autant de zèle qu'en met le type ordinaire de critique grincheux à découvrir des fautes; et vous ne vous doutez pas combien la vie deviendra plus facile et plus agréable. Il y a de la beauté partout dans la Nature, si vous voulez la regarder. Il y a toujours nombre de raisons d'être content, si on veut les chercher au lieu d'essayer de trouver des sujets de mécontentement.

Voilà votre devoir, car il est bien établi que le bonheur aussi bien que la tristesse est contagieux. Tous ceux qui ont étudié ces sujets savent que des vagues de matière — d'une matière plus délicate que celle que nous pouvons voir — rayonnent sans cesse de nous dans toutes les directions, portant avec elles à ceux qui nous entourent nos sentiments de joie ou de chagrin. Par conséquent, si vous vous abandonnez à la tristesse et au découragement, vous rayonnez littéralement de la mélancolie, vous assombrissez pour vos voisins la lumière du soleil de Dieu, et rendez le fardeau de votre frère plus lourd à porter, ce que vous n'avez pas le droit de faire.

D'autre part, si vous êtes vous-même heureux, cette joie radieuse se déverse sur tous ceux qui vous approchent, et vous devenez ainsi un véritable soleil, projetant la lumière et l'amour dans votre petit cercle sur terre, comme la Divinité elle-même en inonde tout l'univers; et ainsi, à votre humble façon, vous devenez un de ses collaborateurs.

LA PAIX

Derrière le bonheur actif, il doit y avoir une paix profonde, et cette paix nous devons aussi essayer de la faire rayonner autour de nous. Le manque de ce sentiment de paix est une des caractéristiques les plus regrettables de notre temps. Il n'y a jamais eu d'époque où l'homme ait eu plus besoin de mettre en pratique les sages paroles de saint Pierre : « Cherchez la paix et suivez-la ». Mais la majorité des gens ne savent pas même dans quelle direction il faut commencer cette recherche, et ayant décidé que la paix est impossible à obtenir sur la terre, ils se résignent à une vie inquiète.

L'homme vit simultanément dans trois mondes — le monde physique, le monde astral ou émotionnel, et le monde mental — et dans chacun il possède un véhicule par lequel il s'exprime. Sur tous ces plans et dans tous ces véhicules la paix doit régner; et cependant pour la majorité d'entre nous tel n'est pas le cas.

Sur notre terre physique, il n'y a guère de personnes qui ne se plaignent de quelque chose, qui ne soient souvent malades d'une façon ou d'une autre. Un homme digère mal, un autre a de fréquents maux de tête, un troisième souffre d'épuisement nerveux, et ainsi de suite. Dans le monde des émotions les choses ne vont pas mieux, car les gens se laissent constamment secouer et déchirer par des sentiments violents, la tristesse, la colère, la jalousie, l'envie, et ils sont ainsi inutilement malheureux. Au point de vue mental, ils ne sont pas plus en paix, car ils s'élancent perpétuellement d'un ordre de pensées à un autre, pleins de tourments et de hâte, désirant toujours de nouvelles choses avant d'avoir compris ou utilisé les précédentes.

Les causes de cette agitation universelle sont au nombre de trois : l'ignorance, le désir, l'égoïsme. Par conséquent, pour marcher vers la paix, il faut surmonter ces obstacles et les remplacer par leurs opposés, c'est-à-dire acquérir la connaissance, la domination de soi-même et l'altruisme. Les hommes pensent souvent que les causes de leur inquiétude sont extérieures à eux-mêmes, que le chagrin et les ennuis leur viennent du dehors. Ils ne se rendent pas compte que rien de ce qui est extérieur ne peut les influencer à moins qu'ils ne le permettent. Personne, si ce n'est nous-même, ne peut nous faire du mal ou nous être un obstacle, de même que personne ne peut faire de progrès en notre lieu et place. Comme cela a été si bien dit en Orient : le Sentier est en nous-même. Si nous prenons la peine d'y faire attention nous verrons qu'il en est ainsi.

Pour atteindre la paix il faut d'abord acquérir la connaissance, la connaissance des lois auxquelles est soumise l'évolution. Lorsque nous ignorons ces lois nous les enfreignons constamment, nous nous écartons constamment du sentier du progrès de la race pour chercher quelque imaginaire plaisir ou avantage personnel. La pression constante de la loi d'évolution nous oblige, pour notre propre bien, à rentrer dans le sentier que nous avons quitté; nous sommes alors agités, inquiets, nous luttons contre la loi, nous nous plaignons de la douleur et des ennuis comme s'ils nous étaient venus par hasard, tandis que c'est toujours notre résistance à l'appel de la loi qui nous en fait sentir la contrainte.

Notre santé souffre parce que nous menons souvent une vie malsaine; nous mangeons des aliments impropres, nous portons des vêtements inadéquats, nous négligeons l'aération et l'exercice, nous vivons dans des conditions antihygiéniques, et nous nous étonnons d'avoir mal à la tête, d'être énervés, de digérer difficilement. L'homme qui connaît les lois de l'hygiène et prend la peine de s'y conformer évite ces maux.

Le même fait est vrai en ce qui concerne les mondes de la pensée et des émotions; ils ont leurs lois naturelles, et les enfreindre implique la souffrance. Malheureusement, bien des personnes se figurent que toutes les règles concernant les domaines de la pensée et des émotions sont arbitraires; les instructeurs religieux ont commis l'erreur désastreuse de parler de *punitions* imposées lorsque ces lois sont enfreintes, et ont ainsi mis dans l'ombre le fait que ces lois sont aussi bien des lois de la nature que celles avec lesquelles nous sommes familiers dans la vie physique, et qu'ainsi la conséquence de leur infraction n'est *pas* une punition mais simplement un *résultat* naturel. Si un homme saisit à pleine main une barre de fer rougie au feu, il se brûlera;

mais nous n'aurions jamais l'idée de voir dans la brûlure une punition infligée à cet homme pour avoir voulu saisir la barre de fer. Et cependant nous appelons souvent punitions des résultats tout aussi naturels et inévitables.

La connaissance du grand plan de l'évolution et de ses lois ne nous montre pas seulement comment il faut vivre pour acquérir la paix dans l'avenir; elle nous donne aussi la paix ici-bas et dès maintenant, puisqu'elle nous permet de comprendre le but de la vie, de voir l'unité à travers toute sa diversité, la gloire du triomphe final à travers la brume des souffrances et de la confusion apparemment sans remèdes. Car, une fois que l'on a compris le plan, son aboutissement n'est plus un sujet de foi aveugle, mais une certitude mathématique; et de cette certitude découle la paix.

Il nous faut ajouter à la connaissance la domination de soi-même, la domination, non seulement de nos actions et de nos paroles, mais de nos désirs, de nos émotions et de nos pensées.

Toutes les pensées et les émotions se manifestent en effet sous forme de vagues ayant leur siège dans la matière des corps mental et astral respectivement; et dans les deux cas les pensées mauvaises ou égoïstes sont toujours des vibrations comparativement lentes de la matière plus grossière, tandis que les pensées altruistes sont des ondulations plus rapides n'intéressant que la matière subtile. Mais un influx soudain de colère, du corps astral, et l'oblige à vibrer tout entier à ce taux d'envie ou de peur submerge pour un instant l'ensemble vibratoire spécial. Cette agitation se calme bientôt et le corps reprend son taux normal d'oscillation. Mais il a acquis une disposition permanente à répondre plus facilement au taux particulier de vibration exprimant cette passion mauvaise.

Il y a bien longtemps, le Seigneur Bouddha enseignait à ses fidèles que la vie de l'homme ordinaire est pleine de douleurs parce qu'il s'attache à des choses terrestres qui périssent et disparaissent. Il désire la richesse, le pouvoir ou les hautes positions, et se montre mécontent parce qu'il ne peut les obtenir, ou parce que, les ayant obtenues, il les voit échapper. Il n'est jusqu'à l'affection dont il entoure ses amis qui ne s'applique à faux, car il aime chez eux le corps physique qui doit se modifier et disparaître, au lieu d'aimer l'homme réel qui continue à vivre à travers les siècles; c'est pourquoi lorsqu'un de ses amis quitte son véhicule extérieur, il pleure sa « mort », et pense l'avoir perdu.

Tout, dans notre civilisation, tend à accroître les désirs et à multiplier nos besoins. Des choses qui étaient considérées comme un luxe par une génération deviennent le nécessaire pour la génération suivante, et nos désirs s'élancent sans cesse dans de nouvelles directions. Si nous désirons la paix, il nous faut apprendre à limiter ces désirs, à vivre une vie plus simple, à nous contenter du confortable sans désir de luxe; nous devons distinguer entre le nécessaire et le superflu. Il vaut mieux réduire ses besoins de façon à avoir des loisirs pour se reposer, plutôt que de s'exténuer à travailler désespérément pour essayer de satisfaire des besoins toujours accrus. Quiconque veut atteindre la paix doit certainement dominer ses désirs.

Une autre source fertile d'inquiétude est l'habitude que nous avons de nous occuper des affaires des autres, de chercher constamment à leur imposer notre manière de voir et d'agir. Beaucoup d'entre nous semblent ne pouvoir posséder une conviction sur un sujet quelconque, social, politique ou religieux, sans se quereller immédiatement avec tous ceux qui ne la partagent pas, et s'engager dans des controverses passionnées sur le sujet. Lorsque nous aurons appris à accorder sans restriction à autrui, sur tous les sujets, la même liberté d'opinion que nous réclamons si vivement pour nous-mêmes, lorsque nous aurons appris à nous abstenir de critiquer une idée par le seul fait qu'elle diffère des nôtres, nous aurons beaucoup progressé sur le sentier qui mène vers la paix.

Pour atteindre cette paix, il est par-dessus tout nécessaire de mettre de côté sa personnalité et d'acquérir l'altruisme. Aussi longtemps que nous sommes centrés dans notre petit moi, aussi longtemps qu'il est le pivot autour duquel tourne tout notre univers, nous nous attendons insensiblement mais inévitablement à ce qu'il soit aussi un centre pour les autres individus, et lorsque nous apercevons qu'ils agissent sans s'occuper de nous — sans avoir pour nous tous les égards auxquels nous prétendons — nous devenons irritables, personnels, et la paix s'enfuit loin de nous.

Il faut se rendre compte que nous sommes des âmes et non des corps; si nous nous identifions (comme on le fait habituellement) avec notre véhicule physique, nous ne pouvons manquer d'accorder une importance exagérée à ce qui lui advient, et devenons dans une grande mesure son esclave et l'esclave de ses impressions perpétuellement changeantes. Pour éviter une telle sujétion les orientaux adoptent une habitude de penser qui leur fait substituer à nos phrases ordinaires comme: « j'ai faim, je suis fatigué », les affirmations plus exactes : « mon corps à faim; mon corps est fatigué ».

Il suffit de faire un pas de plus pour voir que nous sommes également dans l'erreur lorsque nous disons : « je suis en colère, je suis jaloux ». Le véritable « moi » est le *soi* qui se trouve dans tous ces véhicules ou derrière eux, et ce soi ne peut être irrité ou jaloux, bien que son corps astral puisse l'être; mais un homme est tout autant dans l'erreur en s'identifiant avec son véhicule astral qu'avec son véhicule physique. Il ne doit être l'esclave d'aucun de ses corps, que ce soit le corps mental, le corps astral ou le corps physique; ces trois véhicules forment ensemble sa personnalité, une expression temporaire et partielle de lui-même, mais ils ne sont pas lui, pas plus que les vêtements ne sont l'homme.

Ces quatre étapes doivent donc être parcourues. Il nous faut acquérir la connaissance par l'étude, et, l'ayant acquise, la mettre en pratique. Nous devons apprendre à limiter nos désirs et à dominer nos émotions.

Nous devons éliminer la personnalité inférieure et nous reconnaître comme étant le soi qui est derrière elle. Nous devons substituer l'altruisme à l'égoïsme, prendre contact d'une façon réelle et vécue avec le Dieu en nous, avant de pouvoir atteindre à la « paix de Dieu qui passe toute compréhension ».

Telle est la route qui mène à la paix. Puisse cette paix être avec vous tous.

CHAPITRE XIX

PAR CE QUE NOUS PENSONS

LE ROYAUME DE LA PENSÉE

L'étudiant de l'occultisme s'exerce dans l'art de penser. De ce fait sa pensée devient bien plus puissante que celle de l'homme non exercé; elle peut influencer un cercle bien plus étendu et y produire un effet beaucoup plus grand. Ceci a lieu tout à fait en dehors de la conscience de l'étudiant, et sans qu'il fasse aucun effort dans ce but. Mais du fait même qu'il a appris à se servir de ce grand pouvoir de la pensée, il a le devoir d'en user pour le service d'autrui. Afin d'y parvenir avec succès, il lui faut étudier la façon dont agit ce pouvoir.

Une des caractéristiques les plus frappantes du monde invisible qui nous entoure est la promptitude avec laquelle la matière plus ténue dont il est constitué répond aux influences émanées de la pensée et des émotions humaines. Ceux qui n'ont pas étudié le sujet éprouvent de la difficulté à concevoir l'absolue réalité de ces forces, à comprendre que leur action sur les types subtils de matière est sous tous les rapports aussi précise que celle de la vapeur ou de l'électricité sur la matière physique.

Tout le monde sait que l'homme qui a à sa disposition une puissante force motrice — chevaux-vapeur ou énergie électrique — peut produire un travail utile et obtenir certains résultats déterminés; mais peu de personnes savent que tout homme dispose d'une certaine quantité de cet autre pouvoir supérieur, et qu'il peut par son aide produire des résultats tout aussi définis et réels.

Actuellement, dans le monde physique, le nombre d'hommes disposant d'une grande quantité de ces forces physiques est très réduit, et par conséquent un petit nombre d'individus peuvent seuls devenir riches par leur moyen. Mais une caractéristique particulièrement intéressante du côté invisible de la vie est que tous les êtres humains, riches ou pauvres, vieux ou jeunes, ont déjà à leur disposition une quantité assez considérable des forces subtiles, et ainsi les richesses des mondes supérieurs, fruits de l'usage légitime de ces pouvoirs, sont à la portée de tous.

Le pouvoir de la pensée est donc en possession de tous, mais il n'est jusqu'à présent employé intelligemment que par peu de personnes. Il vaut donc la peine d'y porter attention, de l'étudier et de chercher à le comprendre. Il y a même pour agir ainsi d'autres raisons encore, car en vérité nous faisons tous jusqu'à un certain point un usage inconscient de ce pouvoir, et notre ignorance nous le fait souvent employer pour le mal au lieu du bien. La possession d'un pouvoir s'accompagne toujours d'une responsabilité, de sorte que pour éviter de faire involontairement servir au mal ses possibilités magnifiques et les utiliser à leur pleine mesure, il est bon d'apprendre tout ce que l'on peut à son sujet.

LES EFFETS DE LA PENSÉE

Qu'est donc la pensée et comment se manifeste-t-elle? C'est dans le corps mental que la pensée se manifeste tout d'abord à la vue du clairvoyant, et elle apparaît comme une vibration de la matière de ce corps, une vibration qui produit certains effets concordant avec ce que les données scientifiques concernant le monde physique nous mettraient en droit d'attendre.

1° Il y a l'effet produit sur le corps mental lui-même; et nous trouvons que cet effet est de nature à créer une habitude. Il y a dans le corps mental bien des types différents de matière, dont chacun paraît avoir son taux spécial et habituel d'ondulation, auquel il tend à revenir promptement quand il en a été écarté par un courant impétueux de pensées ou de sentiments. Une pensée suffisamment forte peut faire vibrer temporairement à un même taux toutes les particules d'une division de ce corps mental, et chaque fois que le fait a lieu sa répétition devient par cela même un peu plus facile; l'habitude de répondre à ce taux particulier de vibrations est donnée aux particules du corps mental, de sorte que l'homme en question reproduira volontiers cette pensée particulière.

2° Il y a en outre l'effet produit sur les autres véhicules de l'homme qui sont au-dessus et au-dessous du corps mental par leur degré de densité. Les commotions physiques, nous le savons, sont facilement communiquées d'un type de matière à un autre. Par exemple, un tremblement de terre (qui est un mouvement de la matière solide) produira une énorme vague dans la mer (matière liquide); d'autre part, une perturbation de l'atmosphère (matière gazeuse), produite par une tempête, occasionnera immédiatement des rides à la surface de la mer, puis soulèvera bientôt de grandes vagues.

D'une façon exactement semblable, une perturbation dans le corps astral d'un homme (ce que nous appelons communément une émotion) fera naître des vibrations dans le corps mental et occasionnera des pensées qui correspondront à cette émotion. Et réciproquement, les vagues produites dans le corps mental influencent le corps astral si elles sont d'un type susceptible d'agir sur lui. Cela signifie que certains types de pensées provoquent facilement l'émotion. Outre cela, la vague créée dans la matière mentale ne se borne pas à agir sur la substance astrale, plus dense, mais elle agit de même inexorablement sur la matière plus subtile du corps causal, et c'est ainsi que les pensées habituelles de l'homme édifient des qualités dans l'égo.

Jusqu'ici nous nous sommes occupés de l'effet de la pensée sur son créateur. Nous voyons qu'en premier lieu elle tend à se répéter, et qu'en second lieu elle agit non seulement sur les émotions de son auteur, mais aussi produit une impression permanente sur l'homme réel lui-même. Revenons maintenant aux effets qu'elle produit sur l'entourage, c'est-à-dire sur la mer de matière mentale qui nous environne tous, à l'instar de l'atmosphère physique.

3° Chaque pensée donne naissance à une ondulation ou vibration qui rayonne loin d'elle et peut être simple ou composée selon la nature de cette pensée. Ces vibrations sont dans certains cas confinées au monde mental, mais plus fréquemment elles se répercutent dans les mondes au-dessus et au-dessous de celui-ci. Si la pensée est purement intellectuelle et impersonnelle — si, par exemple, le penseur étudie un système philosophique ou essaye de résoudre un problème d'algèbre ou de géométrie — la vague de pensée influencera seulement la matière mentale. Si la pensée est d'une nature spirituelle, si elle est teintée d'amour, d'aspirations élevées ou d'un sentiment profond et altruiste, elle s'élèvera dans les régions du mental supérieur, et pourra même emprunter un peu de la splendeur du monde de l'intuition, combinaison qui la rend excessivement puissante. Si, au contraire, elle est teintée de désirs personnels, ses oscillations tendent de suite à descendre et épuisent la plus grande partie de leur force dans le monde astral.

Toutes ces vagues de pensée agissent sur leur plan propre comme le fait ici-bas une vague de lumière ou un son. Elles rayonnent dans toutes les directions, perdant leur force à mesure qu'elles s'éloignent de leur source. Les radiations n'affectent pas seulement la mer de matière mentale qui nous entoure, mais elles agissent aussi sur les autres corps mentals qui s'y meuvent. Nous sommes tous familiers avec l'expérience dans laquelle une note frappée sur le piano ou émise par un violon fera résonner la note correspondante d'un autre instrument de même genre accordé à l'unisson du premier. De même que la vibration émise par un instrument est transmise à travers l'air et agit sur l'autre instrument, de même la vibration de la pensée émise par un corps mental est transmise par la matière mentale ambiante et reproduite dans un autre corps mental, ce qui, considéré d'un autre point de vue, signifie que la pensée est contagieuse. Nous reprendrons cette considération plus tard.

4° Chaque pensée produit non seulement une vague, mais une forme, un objet défini et séparé, doué de force et de vitalité d'une certaine espèce, et qui en bien des cas se comporte plus ou moins comme une créature vivante. Cette forme, comme la vague, peut demeurer dans le monde mental, mais bien plus fréquemment elle descend sur le plan astral et produit son effet principal dans le monde des émotions. L'étude de ces formes-pensées est d'un intérêt capital; la description détaillée d'un grand nombre d'entre elles, avec gravures en couleurs montrant leur apparence, se trouve dans le livre *Les Formes-pensées*. Pour le moment, nous nous occupons moins de leur apparence que de leurs effets et de la façon dont elle peuvent être utilisées.

Considérons séparément le résultat de ces deux manifestations du pouvoir de la pensée. La vague émise peut être simple ou complexe, selon le caractère de la pensée, mais sa force se déverse principalement sur l'un des quatre plans de la matière mentale — les quatre subdivisions qui constituent la partie inférieure du monde mental. La plupart des pensées de l'homme ordinaire sont dirigées vers lui-même, vers ses désirs et ses émotions, et elles produisent par conséquent des vagues dans la subdivision la plus basse de la matière mentale; et de fait la partie du corps mental construite de cette espèce de matière est la seule qui soit déjà complètement évoluée et active chez la majorité des humains.

Sous ce rapport, l'état du corps mental est tout différent de celui du véhicule astral. Chez l'homme cultivé ordinaire de notre race, le corps astral est aussi complètement développé que le corps physique, et peut être utilisé comme véhicule de la conscience. Il n'est pas habituellement employé en cette qualité, et par conséquent son possesseur ne s'en sert qu'avec appréhension, sans se fier à ses pouvoirs; mais les pouvoirs astrals y sont tous présents, et leur usage n'est qu'une question d'habitude. Lorsque l'homme fonctionne dans le monde astral, soit durant le sommeil, soit après la mort, il est tout à fait capable d'y voir, d'y entendre et de s'y mouvoir à son gré.

Mais dans le monde céleste, l'état de choses est très différent, car le corps mental est loin d'être complètement développé, l'évolution de ce véhicule étant la tâche à laquelle travaille actuellement la race humaine. Le corps mental ne peut être employé comme véhicule que par les personnes qui ont été spécialement exercées à le faire par des instructeurs appartenant à la grande Fraternité des Initiés; chez l'homme moyen ses pouvoirs ne sont que partiellement développés, et la conscience ne peut l'employer comme véhicule séparé. Chez la grande majorité des hommes, les régions supérieures du corps mental sont encore tout à fait inertes, endormies, même lorsque les parties inférieures sont en pleine activité. Ceci veut dire qu'alors que l'atmosphère mentale tout entière bouillonne de vagues de pensée appartenant aux subdivisions inférieures, il n'y a encore comparativement que peu d'activité sur les subdivisions supérieures, fait qu'il faudra tenir présent à l'esprit quand nous considérerons l'emploi pratique du pouvoir de la pensée. Ce fait a aussi une grande importance en ce qui concerne la distance à laquelle une vague de pensée peut se propager.

Pour mieux comprendre ceci, nous nous servirons de la comparaison qu'offre l'effet de la voix d'un orateur parlant en public. Un orateur peut se faire entendre à une distance plus ou moins grande, selon la puissance de sa voix. Dans le cas d'une forme-pensée, cette puissance correspond à la force des vibrations. Mais la distance à laquelle un orateur peut être *compris* est une chose bien différente, qui dépend souvent davantage de la clarté de l'articulation que de la force de la voix. Dans le cas d'une forme-pensée, la clarté de l'articulation est représentée par la précision et la netteté du contour.

Bien des personnes incapables de parler en public pourraient émettre un cri susceptible d'être entendu à une distance considérable, mais tout à fait inintelligible. De la même façon, un homme dont les sentiments sont très forts, mais qui n'est pas exercé dans l'art de penser, pourrait émettre une forte forme-pensée susceptible de transmettre avec assez de puissance le sentiment qui l'inspire — joie, terreur, surprise — et qui cependant pourrait être d'une forme si vague qu'elle n'apporterait aucune idée sur la nature ou la cause de l'émotion. Il est donc évident que la clarté de la pensée est au moins aussi nécessaire que sa force.

D'autre part, la voix de l'orateur peut être distincte et forte, et ses mots parfaitement perceptibles à l'endroit où se tient un certain auditeur; et cependant les paroles n'apporteront aucune signification à celui-ci s'il est préoccupé par d'autres sujets et ne fait pas attention à ce qui est dit. Ceci a une correspondance exacte dans le monde de la pensée. On peut émettre une pensée claire et forte, et même la diriger intentionnellement vers une autre personne, mais si le mental de cette dernière est préoccupé au sujet d'affaires personnelles, la forme-pensée ne pourra produire aucune impression sur le corps mental qu'elle touche. Souvent, dans une panique, les victimes n'entendent pas les conseils ou les ordres qui leur sont donnés à voix forte; sous la même influence, elles sont également incapables de recevoir les formes-pensées.

Pour la grande majorité, les hommes ne savent pas

penser, et même ceux qui sont un peu plus avancés pensent rarement d'une façon définie et intense, si ce n'est durant les instants où ils sont occupés de quelque affaire nécessitant toute leur attention. Par conséquent il y a toujours autour de nous un grand nombre de mentals incultes, prêts à recevoir telle graine qu'il pourra nous arriver d'y semer.

LA VAGUE DE PENSÉE

Les vibrations de la pensée ont des effets très variés. Elles peuvent se reproduire exactement si elles trouvent un corps mental répondant facilement à toutes leurs particularités; mais quand ceci n'est pas le cas elles peuvent néanmoins produire un effet marqué présentant des caractéristiques assez semblables aux leurs. Supposons, par exemple, qu'un Catholique prie avec ferveur devant une image de la Sainte Vierge. Il fait rayonner autour de lui dans toutes les directions de fortes vagues de pensée dévotionnelle; si elles frappent le corps mental ou le corps astral d'un autre Catholique, elles y feront naître une pensée et un sentiment identiques à ceux qui leur ont donné naissance; mais si elles touchent un Chrétien d'une autre confession, à qui l'image de la Sainte Vierge est inconnue, elles éveilleront néanmoins en lui un sentiment de dévotion, mais qui suivra la voie coutumière à cette deuxième personne et sera dirigé vers le Christ.

Si ces vagues viennent en contact avec un Mahométan, elles feront naître en lui un sentiment de dévotion pour Allah, tandis que pour un Hindou l'objet sera peut-être Krishna, et Ahuramazda pour un Parsi. Ces vagues font naître un sentiment dévotionnel d'un genre particulier toutes les fois qu'il y a une possibilité de réponse vis-à-vis de l'idée qui les a engendrées. Si elles touchent le corps mental d'un matérialiste, à qui l'idée même de dévotion sous quelque forme que ce soit est inconnue, elles produiront même en ce cas un effet d'élévation; elles ne peuvent de suite créer un type d'ondulations auquel cet homme est tout à fait étranger, mais elles tendent à mettre en activité une partie supérieure de son mental, et cet effet, bien que moins permanent que dans le cas d'un récepteur sympathique, ne peut manquer d'être bon.

L'action d'une pensée mauvaise ou impure est régie par les mêmes lois. L'homme assez insensé pour penser à autrui avec haine ou envie, fait rayonner de lui une vague de pensée tendant à provoquer des passions semblables chez autrui, et bien que la haine qu'il porte à une personne soit inconnue des tiers, et ainsi ne puisse être partagée par eux, la vague éveillera néanmoins en eux une émotion de même nature envers une personne totalement différente.

LA FORME-PENSÉE

Le travail de la forme-pensée est plus limité, mais beaucoup plus précis que celui de la vague. Elle ne peut atteindre un aussi grand nombre de personnes, et en vérité ne peut agir sur une personne si cette dernière n'a en elle quelque chose qui s'harmonise avec l'énergie vibratoire animant la pensée. Les pouvoirs et les possibilités de ces formes-pensées nous apparaîtront peut-être plus clairement si nous cherchons à les classifier. Considérons tout d'abord la pensée dirigée intentionnellement vers une autre personne.

1° Lorsqu'un homme dirige vers une autre personne une pensée d'affection ou de gratitude (ou, malheureusement, comme c'est parfois le cas, une pensée d'envie ou de jalousie), cette pensée produit des vagues rayonnantes précisément comme toute autre pensée, et par conséquent tend à reproduire ses caractéristiques générales dans le mental de ceux qui se trouvent dans sa sphère d'influence. Mais la forme-pensée qu'elle crée est animée d'une intention définie, et quand elle s'échappe du corps astral et du corps mental du penseur, elle s'en va directement vers la personne à laquelle elle est envoyée et s'attache à elle.

Si cette dernière personne ne pense pas alors à quelque chose de particulier, la forme pénètre de suite dans son corps mental et son corps astral pour se fondre en eux, telle une comète tombant sur le soleil. Elle tend à éveiller dans ces véhicules des vibrations semblables aux siennes, et par suite l'homme qui l'a reçue commencera à penser à ce sujet particulier, quel qu'il soit. Si, au contraire, cet homme se trouve dans un état d'activité mentale, et qu'une partie de cette activité soit de même nature que celle de la forme-pensée qui vient vers lui, celle-ci pénétrera dans le corps mental par la partie de ce dernier qui exprime cette activité sympathique et ajoutera sa force à celle de la pensée qui y prend naissance. Si le mental récepteur est préoccupé au point que la forme-pensée ne puisse y pénétrer, elle flottera autour de lui jusqu'à ce qu'il soit suffisamment libre pour lui donner une occasion de parvenir à son but.

2° Dans le cas d'une pensée qui n'est pas dirigée vers une autre personne et qui concerne principalement son auteur lui-même (c'est le cas de la majorité des pensées humaines), la vague s'étend dans toutes les directions comme d'habitude, mais la forme-pensée flotte dans le voisinage immédiat de son créateur, et a tendance à réagir continuellement sur lui. Tant que cet homme dirige son attention vers ses affaires ou vers une autre ligne de pensée, la forme flottante attend, à l'affût d'une occasion d'entrer; mais quand le courant de pensée est épuisé, ou que le mental est pour un moment inoccupé, elle a l'occasion de réagir sur lui et commence immédiatement à se reproduire, à éveiller en lui une répétition de la pensée à laquelle cet homme s'est précédemment abandonné. Bien des individus sont entourés d'une coque de formes-pensées créées par eux et ont souvent conscience de leur pression. C'est pour ainsi dire une suggestion extérieure et constante de certaines pensées, et si elles sont mauvaises la personne pourra se croire tentée par le démon; mais en réalité elle est son propre tentateur, et les formes pensées mauvaises sont de sa propre création.

3° Il y a aussi une classe de pensées qui ne sont ni centrées autour du penseur, ni dirigées spécialement vers une personne particulière. La forme-pensée engendrée dans ce cas ne demeure pas autour du penseur, et n'est pas non plus attirée spécialement vers un autre homme, elle continue donc à flotter à l'endroit où elle a été engendrée. Alors qu'il passe dans la vie chaque homme crée donc trois catégories de formes-pensées :

1° Celles qui s'élancent directement au loin, visant un objectif défini;

2° Celles qui flottent autour de lui et le suivent partout où il va;

3° Celles qu'il laisse derrière lui comme une sorte de sillage qui marque sa route.

Toute l'atmosphère est remplie de pensées de ce troisième type, pensées vagues et indéterminées; et alors que nous nous frayons un chemin parmi elles, si notre mental n'est pas déjà effectivement occupé, ces fragments errants de pensées d'autrui nous influencent souvent d'une façon sérieuse. Elles pénètrent dans le mental désœuvré, et pour la plupart n'y éveillent pas un intérêt particulier; mais parfois l'une d'elles s'impose à l'attention et le mental s'y attache, la retient pour un moment, puis la rejette un peu plus forte qu'elle n'était en entrant.

Ce mélange de pensées provenant de tant de sources différentes n'a évidemment aucune cohérence, bien que certains puissent être le point de départ d'une ligne d'association de pensées et provoquer ainsi dans le mental une activité correspondante. Si un homme s'examine soudain, alors qu'il marche dans la rue, et se demande : « A quoi suis-je en train de penser? Comment suis-je parvenu à ce point particulier dans l'enchaînement de mes idées? » et qu'il essaye de remonter le courant de ses pensées durant les dix dernières minutes, il sera probablement surpris de voir combien de pensées puériles et inutiles ont traversé son mental durant ce laps de temps. Il n'y en a pas un quart qui soient ses propres pensées; ce sont simplement des fragments qu'il a recueillis au passage. Dans la plupart des cas, elles sont tout à fait inutiles, et leur tendance générale est plutôt mauvaise que bonne.

CE QUE NOUS POUVONS FAIRE PAR LA PENSÉE

Maintenant que nous comprenons jusqu'à un certain point l'action de la pensée, voyons quel usage on peut faire de cette connaissance et quelles considérations pratiques peuvent s'en dégager. En quelle mesure la connaissance de ces choses peut-elle nous permettre d'accélérer notre propre évolution, et que pouvons-nous faire pour aider les autres? Il est évident qu'un examen méthodique de la façon dont agit la pensée montre qu'il y a là, non seulement pour notre propre évolution, mais aussi pour celle des autres personnes, une chose bien plus importante qu'on ne le suppose habituellement.

Lorsque nous considérons cette question de la pensée au point de vue de ses effets sur autrui, nous nous trouvons ramenés aux diverses considérations déjà mises en lumière à propos de la réaction de cette force sur nous-même. Ceci est naturel, car ce qui tend à nous faire progresser doit aussi tendre au progrès des autres. Il est donc utile d'insister encore sur ce sujet.

Etant donné que chaque pensée ou émotion produit un effet permanent en renforçant ou en affaiblissant une tendance, et étant donné d'autre part que chaque vague de pensée et chaque forme-pensée doit non seulement réagir sur le penseur, mais aussi influencer beaucoup d'autres personnes, il s'ensuit que l'on doit apporter le plus grand soin au choix des pensées ou des émotions que l'on nourrit intérieurement. L'homme ordinaire cherche rarement à dominer ses émotions; quand il les sent surgir en lui, il s'y abandonne et considère la chose toute naturelle. Mais quiconque étudie scientifiquement l'action de ces forces se rend compte que son intérêt aussi bien que son devoir est de s'opposer à cette éclosion et, avant de s'abandonner à un sentiment, de voir s'il est ou non préjudiciable à son évolution ou à celle de ses voisins.

Au lieu de permettre à ses émotions de l'emporter dans leur course, l'homme sensé doit les avoir sous sa domination; et puisqu'il est maintenant au stade où s'effectue le développement du corps mental, il doit prendre ce sujet sérieusement en main, et voir ce qu'il peut faire pour aider à ce développement du corps mental. Au lieu de permettre à son mental de vagabonder, il devrait essayer d'affirmer sa domination sur lui, reconnaître que le mental n'est pas l'homme mais un instrument qu'il faut apprendre à utiliser. Il ne faut pas le laisser en friche ou inactif, ouvert à la visite et à l'influence de toute forme-pensée qui passe. Le premier pas à faire vers la domination du mental est de le tenir utilement occupé, d'avoir une série de pensées bonnes et utiles pour servir de fond à ses opérations, quelque chose sur quoi il puisse se reposer quand son activité n'est pas utile pour la tâche entreprise.

Un autre point nécessaire dans l'éducation du mental est de lui apprendre à faire soigneusement ce qui lui incombe, en d'autres termes, lui faire acquérir le pouvoir de concentration. Ce n'est pas là une mince tâche, comme le reconnaîtra toute personne novice qui essayera de maintenir son mental parfaitement fixé sur un sujet, ne fût-ce que cinq minutes. Elle le trouvera en proie à une tendance active au vagabondage et verra toutes sortes d'autres pensées y faire irruption.

La première tentative pour fixer le mental sur un sujet durant cinq minutes aura probablement comme résultat de faire employer cinq autres minutes à le ramener à travers les diverses pensées accessoires dans lesquelles il se sera engagé.

Heureusement, bien que la concentration ne soit pas en elle-même chose facile, il y a nombre d'occasions de s'y exercer, et son acquisition est d'une grande utilité dans la vie journalière. Quelle que soit la chose que nous fassions, nous devrions apprendre à y concentrer notre attention et à y mettre toute notre force pour la faire aussi bien que possible. Si nous écrivons une lettre, que cette lettre soit écrite bien et exactement, et qu'aucune négligence dans les détails ne la retarde ou n'en gâte l'effet. Si nous lisons un livre, fût-ce même un roman, lisons attentivement, en essayant de saisir la signification qu'y a mise l'auteur afin de tirer de notre lecture tout le bénéfice possible. Il est utile de chercher constamment à apprendre quelque chose, de ne laisser passer aucun jour sans exercer délibérément notre mental; car c'est uniquement par l'exercice que la force vient, et l'inactivité a toujours pour conséquence la faiblesse et éventuellement l'atrophie.

Il est aussi très important d'apprendre à domestiquer notre énergie. Chaque personne possède une quantité limitée d'énergie, et elle a la responsabilité de l'utiliser au mieux. L'homme ordinaire gaspille sa force de la manière la plus frivole. Il l'éparpille toujours sans l'ombre d'une nécessité. Parfois il est possédé par le désir d'obtenir une chose tout à fait inutile; à d'autres moments il se tourmente au sujet de calamités imaginaires qu'il croit imminentes. D'autres fois, il est fortement déprimé, sans savoir exactement pourquoi. Quelque cause qu'il attribue à son trouble, celui-ci n'en est pas moins dû à son refus de prendre les événements philosophiquement, et de se conformer à l'antique maxime des sages concernant les choses qui nous viennent du monde extérieur : « Rien n'a beaucoup d'importance, et la plupart des choses n'en ont aucune ». Les pensées et les émotions de la foule sont comme les habitants d'une fourmilière en émoi, se précipitant follement de tous côtés, semant le désordre et le tumulte. Pour cette raison, l'occultiste évite toujours les foules, à moins que son devoir ne l'oblige à s'y mêler. Pour l'étudiant de l'occultisme, il est particulièrement nécessaire d'apprendre à éviter cette dissipation de force.

Une façon dont l'homme ordinaire gaspille une grande quantité de force est l'habitude des discussions inutiles. Il semble ne pouvoir professer une opinion religieuse, politique, ou se rapportant à la vie ordinaire, sans éprouver un désir impérieux d'imposer cette opinion à ses semblables. Il semble tout à fait incapable de reconnaître que les croyances des autres ne le concernent pas, et qu'il n'a pas reçu mission de faire régner l'uniformité dans les domaines de la pensée et de la pratique.

L'homme sage se rend compte que la vérité est une chose aux aspects nombreux, rarement aperçus dans leur totalité par une personne seule ou par un groupe d'hommes. Il sait que sur presque chaque sujet il y a place pour des opinions bien diverses, et qu'ainsi une personne dont le point de vue est tout différent du nôtre peut cependant avoir un peu raison. Il sait que la plupart des sujets sur lesquels discutent les hommes n'en valent pas la peine, et que ceux qui en parlent avec le plus d'assurance sont habituellement les plus ignorants. L'étudiant de l'occultisme refusera donc de perdre son temps en discussions. Si on lui demande des renseignements il est prêt à les donner, mais non à gaspiller son temps et sa force en discussions stériles.

Une autre source de gaspillage d'énergie est l'habitude de se tourmenter à tout propos. Je l'ai déjà mentionnée comme un obstacle sérieux sur le chemin de la paix. Bien des hommes sont continuellement en train d'anticiper des événements malheureux pour eux et pour ceux qu'ils aiment. Ils ont peur de la mort et de ce qui la suit, peur de la ruine, peur de perdre leur situation, et gaspillent beaucoup de leur énergie dans cette inquiétude. Mais toute crainte disparaît pour l'homme qui se rend compte que le monde est gouverné par une loi de justice absolue, que, de par la volonté divine, chaque individu progresse vers ce qu'il y a de plus haut, que tout ce qui lui arrive a pour but de l'aider à poursuivre sa route, et qu'il est lui-même le seul être capable de retarder son progrès. Il n'a plus ni inquiétude ni crainte à son propre sujet ou au sujet des autres; il marche simplement de l'avant et fait de son mieux le devoir le plus immédiat, certain qu'en agissant ainsi tout ira bien pour lui. Il sait que l'habitude de se tourmenter n'a jamais été profitable à personne, mais qu'au contraire elle est cause de maux immenses et d'un gaspillage de force considérable; aussi l'homme sage refuse-t-il de dépenser son énergie en émotions mal dirigées.

Nous voyons donc que s'il est nécessaire pour l'évolution de l'individu qu'il domine son mental et ses émotions, et ne gaspille pas inconsidérément sa force, ces choses sont encore plus nécessaires si on se place à un autre point de vue, car c'est uniquement par une telle maîtrise de soi-même que l'homme peut se rendre utile à ses semblables, éviter de leur nuire et apprendre à faire le bien. Si, par exemple, il se laisse aller à la colère, il se nuit à lui-même, car il prend une habitude pernicieuse et résistera plus difficilement à l'impulsion mauvaise quand elle se présentera de nouveau. Mais il exerce aussi sur les autres une influence nuisible par les vibrations qui rayonnent de lui.

Si cet individu s'efforce de dominer son irritabilité, peut-être ces autres personnes en font-elles autant, et son action les aidera ou leur nuira malgré qu'il ne pense pas à elles. Chaque fois qu'il se laisse aller à un accès de colère, cela tend à éveiller des vibrations semblables dans le mental ou le corps astral d'autres personnes — à les éveiller si elles ne sont pas présentes, à les intensifier si elles sont déjà éveillées — et rend ainsi plus difficile le travail de perfectionnement de ses frères. Au contraire, s'il domine et réprime la vague de colère, il rayonne des influences calmantes, distinctement utiles à ceux de ses voisins qui livrent la même bataille.

Peu de personnes se rendent compte de leur responsabilité sous ce rapport. Il est assez triste que nos mauvaises pensées puissent se transmettre aux personnes de notre entourage qui se trouvent désœuvrées ou inattentives. Mais la vérité est bien pire. Dans tout homme résident des germes ou possibilités de mal rapportés d'une vie précédente, mais qui n'ont pas encore été appelés à l'activité dans l'incarnation présente. Si nous émettons une pensée mauvaise ou impure, elle pourra éveiller à l'activité un de ces germes, et ainsi notre peu de maîtrise de soi fera surgir dans la vie d'un autre homme un mal dont il aurait autrement été exempt. Nous faisons revivre en lui une tendance latente qui était en train de disparaître, et ce faisant nous retardons son progrès.

Tant que ce germe était endormi, le défaut était en train de se dissoudre, mais une fois réveillé il peut croître et atteindre n'importe quel développement. C'est comme si l'on pratiquait une ouverture dans une digue pour laisser s'écouler l'eau. Et de fait, lorsqu'une personne émet une mauvaise pensée, on ne saurait dire de quelle somme de mal elle peut devenir responsable: car l'homme corrompu par cette pensée peut à son tour influencer d'autres personnes, celles-ci peuvent en contaminer d'autres encore, et il est littéralement vrai que les générations à venir pourront souffrir du fait d'une pensée mauvaise. Heureusement, ceci est vrai des pensées bonnes aussi bien que des mauvaises, et l'homme qui, comprenant ce fait, se sert sagement du pouvoir qu'il lui confère, pourra avoir une influence incalculable pour le bien.

NOTRE RESPONSABILITÉ

Puisque nous possédons ce pouvoir formidable, nous devons prendre garde à la façon dont nous en faisons usage. Quand nous pensons à une personne, nous devons nous la représenter telle que nous la désirerions être, car l'image que nous créons ainsi l'influencera fortement et tendra à la faire s'harmoniser avec elle. Fixons nos pensées sur les qualités bonnes de nos amis, car en pensant à une qualité quelconque, nous en fortifions les vibrations, et par conséquent l'intensifions.

Il suit de cette considération que les habitudes de bavardage et de médisance, où tant de personnes se complaisent, sont en réalité un défaut abominable que l'on ne saurait trop hautement condamner. Quand des personnes se permettent de discuter la conduite de tiers, ce n'est pas habituellement sur leurs bonnes qualités qu'elles insistent. Nous voyons donc un certain nombre de personnes fixer leur pensée sur quelque prétendu défaut d'un individu, et appeler sur ce défaut l'attention d'autres personnes qui peut-être ne l'auraient jamais remarqué. De sorte que si cette mauvaise qualité existe réellement chez la personne critiquée, elle est appréciablement accrue par un renforcement de la vibration qui l'exprime. Si, comme c'est habituellement le cas, le défaut n'existe que dans l'imagination malsaine des médisants et ne se rencontre pas chez leur victime, ils font alors de leur mieux pour l'y faire naître, et s'il y a chez elle le moindre germe latent, leurs tristes efforts n'ont que trop de chances d'aboutir.

Nous pouvons avoir des pensées d'aide pour ceux que nous aimons. Nous pouvons présenter devant eux en pensée un idéal élevé d'eux-mêmes, et souhaiter fortement qu'ils puissent bientôt l'atteindre. Mais si nous connaissons certains défauts ou vices dans le caractère d'un homme, nous ne devrions en aucun cas, laisser nos pensées s'y appesantir et les intensifier. Notre plan de travail devrait être de formuler une pensée des vertus contraires, et d'envoyer des flots de cette pensée à celui qui a besoin de notre aide. Malheureusement, les gens tiennent plus ou moins ce langage : « Ah! ma chère, comme il est regrettable que Madame Une telle ait si mauvais caractère! Ne savez-vous pas qu'hier elle a fait telle et telle chose, et j'ai entendu dire que sans cesse elle... N'est-ce pas une chose terrible? »

Ces paroles sont répétées par chaque personne à ses trente ou quarante amies les plus chères, et au bout de quelques heures, plusieurs centaines de cerveaux déversent sur l'infortunée victime des courants convergents de pensées roulant sur la colère et l'irritabilité. Est-il extraordinaire que la personne censurée justifie bientôt les prévisions de ses persécuteurs, et leur donne bientôt un nouvel exemple du mauvais caractère sur lequel elles font des gorges chaudes?

Une personne désireuse de se rendre utile dans un pareil cas, s'efforcera particulièrement d'éviter de penser en aucune façon à la colère, mais au contraire, pensera fortement ceci : « Je voudrais que Madame Une telle fût calme et sereine; il lui est possible de se dominer assez pour cela. Je vais donc m'efforcer de lui envoyer des vagues de pensées fortes, calmes, apaisantes, susceptibles de lui permettre de réaliser la possibilité divine qui est en elle ».

Dans le premier cas, nous avons une pensée de colère; dans l'autre, de sérénité. Dans les deux cas, la pensée atteint inévitablement son but et tend à se reproduire dans les corps mental et astral de la personne qui la reçoit. Pensons fréquemment et affectueusement à nos amis, mais ne pensons qu'à leurs bons côtés, et en concentrant sur ceux-ci notre attention, essayons de les fortifier, et d'aider ainsi ceux avec qui nous sympathisons.

Bien des gens disent souvent qu'ils ne peuvent dominer leurs pensées ou leurs passions, qu'ils ont souvent cherché à le faire, mais ont sans cesse échoué, et ils concluent que cet effort est inutile. Une telle conclusion est illogique. Si une mauvaise qualité ou habitude est plus ou moins forte en nous, c'est parce que, dans des vies précédentes, nous lui avons permis de croître. Parce que nous n'avons pas résisté au commencement, quand elle aurait pu être facilement réprimée, nous lui avons permis d'acquérir l'intensité qui la rend maintenant difficile à combattre.

Nous nous sommes, à vrai dire, donné des facilités pour nous mouvoir selon une certaine ligne, et avons rendu difficile notre mouvement selon une autre ligne. Difficile, mais pas impossible! La quantité d'énergie accumulée est nécessairement une quantité finie. Même si nous avons entièrement consacré plusieurs vies à amasser une telle espèce d'énergie (supposition bien peu probable), le temps employé à cela fut limité, et les résultats sont, par suite, limités.

Si nous nous rendons maintenant compte de l'erreur

commise et nous efforçons de dominer cette habitude, de neutraliser cette tendance, nous trouverons qu'il est nécessaire d'employer exactement autant de force dans la direction opposée que nous en avons dépensée pour établir l'habitude. Nous ne pouvons évidemment produire instantanément assez de force pour contrebalancer le travail de bien des années, mais chacun de nos efforts réduira la quantité de force accumulée. Nous sommes nous-mêmes des âmes vivantes qui peuvent engendrer de la force indéfiniment; nous en avons à notre disposition un réservoir inépuisable, de sorte que le succès est absolument certain si nous persévérons. Quelque nombreux que soient nos échecs, chacun d'eux enlève cependant quelque chose à cette accumulation limitée de force, et elle s'épuisera avant que nous ne le soyons nous-mêmes, de sorte que notre succès éventuel est uniquement un problème de mécanique.

Connaissant l'emploi de ces courants de pensée, il nous est toujours possible d'aider, quand nous apprenons les souffrances ou les chagrins d'autrui. Il arrive souvent que nous ne pouvons rien faire physiquement pour ceux qui souffrent; notre présence corporelle peut ne pas leur être utile; leur cerveau physique peut être fermé à nos suggestions par les préjugés ou le bigotisme religieux. Mais leurs corps astral et mental sont bien plus impressionnables que le corps physique, et nous pouvons toujours y accéder par une vague de pensées sympathiques ou de sentiments affectueux et apaisants.

La loi de cause et d'effet opère aussi bien dans la matière subtile que dans la matière grossière. La force que nous émettons doit donc atteindre son but et produire son effet. Il est parfaitement certain que l'image ou l'idée que nous désirons présenter à quelqu'un pour lui faire du bien ou l'aider lui parviendra. Quant à se présenter distinctement à son esprit en arrivant, cela dépendra en premier lieu de la précision que nous aurons été capables de donner à son contour, et en second lieu de l'état mental, à cet instant-là, de la personne à qui la pensée est envoyée. Elle peut être si complètement occupée par l'idée de ses épreuves et de ses souffrances, qu'il ne restera à notre pensée que peu de place pour s'introduire. Mais dans ce cas, notre forme-pensée attend son heure! Et quand, enfin, l'attention se détourne ou que la fatigue oblige le mental à suspendre son activité, elle le pénètre aussitôt et accomplit sa mission bienfaisante. Il y a bien des cas où la meilleure volonté ne peut rien faire physiquement, mais on ne saurait concevoir dans le monde mental ou le monde astral un cas où une certaine assistance ne puisse être donnée par la pensée ferme, concentrée, aimante.

Le phénomène de la cure mentale montre combien puissante peut être la pensée, même dans le monde physique, et puisqu'elle agit encore bien plus facilement dans la matière mentale et la matière astrale, nous pouvons nous rendre compte combien immense est ce pouvoir, si nous voulons en faire usage. Nous devrions guetter toutes les occasions d'être utiles de cette façon, avec la certitude que des cas nombreux s'offriront. Alors que nous parcourons une rue, que nous voyageons en tramway ou en chemin de fer, nous rencontrons des gens qui souffrent évidemment de dépression ou de tristesse. Ce sont là, pour nous, des occasions et nous en pouvons profiter immédiatement pour chercher à aider ces personnes.

Essayons de leur envoyer avec force l'impression suivante : qu'en dépit de leurs chagrins et de leurs ennuis personnels, le soleil brille cependant au-dessus de tout, et qu'il y a encore beaucoup de choses pour lesquelles elles doivent être reconnaissantes, beaucoup de choses dans le monde qui sont belles et bonnes. Parfois nous pouvons voir l'effet immédiat de notre effort; nous pouvons voir effectivement une personne s'épanouir sous l'influence de la pensée que nous lui avons envoyée. Nous ne pouvons pas toujours espérer un résultat physique aussi immédiat, mais si nous comprenons les lois de la nature, nous serons dans tous les cas certains que le même résultat a été produit.

Il est souvent difficile à l'homme peu familier avec ces études de croire qu'il influence réellement ceux vers qui sa pensée est dirigée; mais l'expérience d'un grand nombre de cas nous a montré que quiconque prend l'habitude de ces efforts verra avec le temps, s'accumuler les preuves de son succès, jusqu'à ce qu'il ne lui soit plus possible de douter. Chaque homme devrait faire à cette pratique une part dans sa vie et chercher à aider ainsi tous ceux qu'il connaît et aime, qu'ils soient vivants ou soient ce que l'on appelle morts. Car, évidemment, la possession ou l'absence du corps physique ne crée aucune différence dans l'action des forces dirigées vers le corps astral et mental. Par une pratique régulière de ce genre on peut faire beaucoup de bien, car la pratique fait acquérir la force, et tout en développant nos propres pouvoirs et en assurant notre propre progrès, nous aidons le monde par nos efforts bienveillants.

Ainsi, ce qui est vraiment dans notre intérêt personnel est aussi dans l'intérêt du monde, et ce qui n'est pas bon pour le monde ne peut jamais être réellement dans notre intérêt. Car tout gain véritable est obtenu pour tous. Bien des personnes trouveront étrange cette affirmation, car elles sont accoutumées à penser que ce qu'un homme gagne, un autre le perd, et cependant elle renferme une grande vérité. J'ai montré ailleurs que si, dans une transaction, une des parties contractantes est injustement traitée et subit, de ce fait, une perte, il n'y a pas alors gain véritable pour l'autre partie.

Une affaire loyale et honnête implique un gain pour les deux parties. Un commerçant, par exemple, achète ses marchandises en gros, puis, ayant soin de n'en dire que ce qui est strictement vrai, les revend au détail avec un bénéfice raisonnable. Ici, toutes les parties concernées gagnent, car le négociant en gros et le détaillant font un bénéfice, tandis que le consommateur est content de payer le prix de détail pour avoir la commodité d'acheter par petites quantités. Chacun obtient ce qu'il désire, personne ne perd, tout le monde est satisfait.

Ceci est simplement un exemple banal emprunté au monde physique; c'est dans les régions supérieures de la pensée que nous pourrons voir le plus clairement combien cette règle s'applique harmonieusement. Supposons qu'une personne acquière des connaissances étendues. Elle pourra communiquer son savoir à des centaines d'autres et, cependant, n'en rien perdre elle-même. En outre, d'autres individus à qui elle n'aura pas communiqué son savoir en bénéficieront indirectement, car le savoir accru de cette personne la rend plus sage et plus utile à ses semblables. Ses paroles ont plus de poids, ses actions sont plus judicieuses, et ainsi son entourage ressent la bonne influence du savoir qu'elle possède.

Nous pouvons aller encore plus loin. Etant donné que cette personne sait davantage, non seulement ses paroles et ses actions sont plus judicieuses qu'auparavant, mais ses pensées elles-mêmes le sont aussi. Ses formes-pensées sont meilleures, les ondes émises par son corps mental plus élevées et plus riches; et celles-ci produisent inévitablement leur résultat sur le corps mental de ceux qui l'entourent. De même que toutes les autres ondes dans la nature, elles tendent à se reproduire, à provoquer un taux vibratoire semblable dans tout ce avec quoi elles viennent en contact. Suivant la même loi naturelle qui vous permet, dans le monde physique, de faire bouillir l'eau pour votre thé ou de faire griller votre pain sur le feu, les résultats bénéfiques d'une sagesse plus grande influenceront l'entourage d'une manière absolue, même si le possesseur de cette sagesse garde le silence.

C'est pourquoi toutes les religions attachent tant d'importance à la compagnie des personnes bonnes, sages, pures. Les qualités des hommes sont contagieuses, et il est de la plus grande importance d'être prudent dans le choix de celles auxquelles nous nous soumettons.

Prenons un autre exemple. Supposons que vous ayez

acquis cette précieuse qualité de savoir vous dominer. Peut-être étiez-vous, auparavant, un homme emporté: à présent, vous avez appris à maîtriser cette extériorisation de votre force, à la maintenir sous votre domination. Voyons dans quelle mesure cela influence votre entourage. Dans le monde physique, votre attitude actuelle est infiniment plus agréable pour les autres. Examinons son effet sur leurs véhicules supérieurs.

Lorsque, autrefois, vous vous laissiez aller à l'emportement, vous déversiez tout autour de vous des flots tumultueux de colère violente. Ceux qui ont vu des gravures représentant un tel accès, comme celles de l'*Homme visible et invisible,* comprendront sans autres explications les effets désastreux que de telles vagues doivent produire sur le corps astral des personnes assez infortunées pour être à ce moment à proximité de vous. Peut-être l'une d'elles était-elle justement en train de combattre en elle-même cette mauvaise habitude. S'il en était ainsi, les émanations de votre rage excitaient une activité semblable dans son corps astral, et ainsi, vous renforciez son défaut, vous rendiez plus lourd le fardeau de votre frère. Et je dois insister sur le fait que vous n'avez pas le droit de le faire.

Mais, à présent que vous avez acquis la maîtrise de vous-même, tout ceci est heureusement changé. Vous émettez encore des vibrations, car c'est la loi de la Nature, mais elles ne sont plus des éclairs blafards de colère, elles ont le rythme calme et mesuré de fortes ondes d'amour et de paix. Ces ondes frappent le corps astral de vos semblables, tendent à se reproduire en lui. S'il lutte contre la colère, leur rythme large l'aide et le fortifie. Votre énergie coopère avec la sienne au lieu de s'y opposer, et ainsi vous allégez son fardeau, vous l'aidez sur le sentier ascendant. N'est-il donc pas vrai que votre victoire lui est avantageuse aussi?

Les hommes sont si inextricablement liés les uns aux autres, l'humanité est si effectivement une unité dans sa merveilleuse diversité, que personne ne peut avancer ou reculer sans aider ou retarder le progrès des autres.

Il nous incombe donc de faire en sorte d'être parmi les aides et non parmi les adversaires, de faire en sorte que nul être vivant, homme ou animal, n'ait jamais à souffrir de nos pensées, de nos paroles ou de nos actions.

CHAPITRE XX

PAR CE QUE NOUS FAISONS

LE TRAVAIL POUR LES PAUVRES

La question de ce que nous pouvons faire est une de celles qu'il est impossible de traiter pleinement pour la raison que chaque personne a ses propres opportunités et que jamais deux séries d'opportunités ne sont semblables. On nous demande souvent si un Théosophe peut entreprendre l'un quelconque des genres ordinaires de travaux charitables, qui ne sont pas rattachés spécialement à la Théosophie. Ceci est une question à laquelle chacun doit répondre pour soi-même, car la réponse dépend des circonstances particulières où l'on se trouve. Je pense qu'une règle générale peut, tout de même, être établie : lorsqu'il se présente un travail théosophique qu'il peut faire, le Théosophe doit y consacrer son temps, puisqu'il s'agit là de quelque chose que lui seul peut entreprendre, tandis que beaucoup d'autres gens peuvent accomplir aussi bien que lui un travail charitable ordinaire.

Prenons, par exemple, le cas de ce qu'on appelle « slum work », qui consiste à aider directement les pauvres, à les visiter et à leur porter différents petits secours. Personne ne peut nier que ce soit une chose des plus excellentes à faire et, ce qui est triste, qui manque trop souvent d'être faite; mais si un Théosophe doit choisir entre cette occupation physique distincte ou faire dans un monde supérieur quelque chose qui tendra à rapprocher le temps où les « slums » n'existeront plus, je dirai que ce dernier travail est le plus important, et offre la meilleure façon d'employer son temps, car seul celui qui a étudié la Théosophie peut aider à répandre les enseignements Théosophiques, tandis que toute personne bonne et charitable de n'importe quelle classe de la société peut entreprendre la tâche de porter aux pauvres des vivres et des couvertures.

C'est certainement un travail utile que d'aider à faire une route, mais nous ne mettrions pas à cette besogne de cantonnier un ingénieur ou un docteur. Tout homme doué pour une certaine chose, ou ayant la science voulue pour travailler dans une voie particulière, doit être employé suivant son genre spécial d'aptitudes, car très peu seulement ont ces capacités, tandis que n'importe qui peut accomplir les travaux ne requérant aucune habileté particulière, et même un très grand nombre de gens ne peuvent faire que ceux-là. C'est pourquoi il me semble que quand un Théosophe peut employer son temps à propager la Théosophie, il doit accomplir cette œuvre au lieu de faire pour le monde un travail plus ordinaire. Mais s'il est placé de telle sorte qu'il ne puisse rien faire pour la propagation de la Théosophie qui est sa spécialité, il doit certainement employer son temps libre à accomplir le travail charitable du type le plus élevé qui soit à sa portée.

Ce qu'il faut, c'est qu'il cultive en lui l'esprit de bienveillance et qu'il soit toujours à l'affût des occasions d'être secourable. Tant mieux, bien entendu, s'il peut être utile de la façon la plus élevée en guidant les gens vers la Théosophie, mais si ce n'est pas possible pour le moment, il doit aider d'une façon plus ordinaire. Il serait bon qu'il s'emploie à envoyer des pensées bienveillantes, ou qu'il fasse des heureux dans le monde physique. Il pourrait apporter dans chaque petite action journalière l'idée d'aide, d'utilité. Chacun doit décider quel est pour lui-même le moyen de faire tout cela le mieux possible, et l'étude du côté caché des choses offrira beaucoup de suggestions; car elle rend la vie journalière plus intéressante et, grâce à elle, nous pouvons être beaucoup plus utiles que nous ne le serions autrement.

Elle nous montre que beaucoup d'actions, simples en apparence, atteignent plus loin que nous ne pensons, et par là même impriment fortement en nous la nécessité de vivre avec circonspection et sang-froid.

Elle montre à l'homme que chacun de ses actes a sa répercussion sur ceux qui sont autour de lui, même si cet acte ne concerne en apparence que lui seul; qu'il est responsable de cet effet sur les autres, ce qui lui offre une occasion excellente de bien agir. Une fois tout ceci compris, il s'aperçoit qu'il doit ordonner sa vie suivant ce nouveau point de vue — qu'il doit l'employer jusque dans les plus petites choses, non pour lui-même, mais pour les autres. Plus d'un homme vit pour les autres, en ce sens qu'il gouverne sa vie sur ce qu'il s'imagine que les autres pensent de lui, mais l'altruisme de nos étudiants sera d'une autre sorte. Il se guidera suivant deux règles rigoureuses :

1° Qu'il faut faire toute chose d'une façon désintéressée;

2° Qu'il faut faire toute chose dans un but défini, et aussi parfaitement que possible.

LA FORCE DU MAITRE

S'il agit ainsi, s'il vit de cette façon, les Puissances qui gouvernent le monde le reconnaîtront bientôt et l'utiliseront, car en vivant de la sorte, il fait de lui-même un canal convenable pour le pouvoir du Maître, et devient un instrument de valeur dans Ses mains.

En vérité, l'aide des Saints est donnée principalement sur les plans supérieurs; mais elle n'y est pas confinée; elle agit sur le monde physique aussi bien, si nous lui en donnons l'occasion. Le Maître ne gaspillera pas Sa force, en contraignant un courant de Son énergie à descendre dans la matière dense de ce monde inférieur, ce ne serait pas de bonne économie spirituelle; ce ne serait pas employer cette somme d'énergie pour le plus grand avantage. Mais si un homme, vivant déjà dans notre monde inférieur, arrange sa vie de façon à devenir lui-même un canal convenable pour le passage de cette énergie, la situation change, cela vaut alors la peine, pour le Maître, de faire un effort qui, autrement, n'aurait pas été rémunérateur.

Nous devons nous rappeler qu'un canal doit être ouvert à ses deux extrémités, et non pas à une seule. Nous nommerons extrémité supérieure de notre canal, la dévotion de l'homme, son désintéressement, le fait même qu'il désire être utilisé et qu'il arrange pour cela sa vie. Nous nommerons « extrémité inférieure » son corps physique, à travers lequel l'influence doit passer, et qui réclame aussi une attention vigilante, afin de ne pas souiller le courant que le Maître envoie.

Rappelons que nous n'avons pas affaire à une vague abstraction, mais à un fluide physique, bien qu'invisible, qui traverse la matière physique, s'exsude par les pores de la peau, ou est projeté par les mains et les pieds. C'est pourquoi le corps doit être pur intérieurement, non contaminé par la nourriture carnée, l'alcool ou le tabac, et tenu scrupuleusement propre extérieurement par de fréquentes et complètes ablutions, une attention particulière étant donnée aux mains et aux pieds. Autrement, le fluide transmis des plans supérieurs avec tant de soin serait empoisonné en traversant l'homme et ne réussirait pas à atteindre le but pour lequel il fut envoyé.

Bien que cette force rayonne en tous temps de l'étudiant digne, il peut aussi la recueillir et la déverser avec une intention définie sur un objet particulier. Il a été expliqué dans un chapitre précédent comment l'homme ordinaire peut se protéger contre les mauvaises influences quand il donne une poignée de main ou se trouve environné par une foule; mais l'étudiant au lieu de se protéger lui-même tirera de ces circonstances déplaisantes des occasions d'agir sur les autres. S'il donne une poignée de main, il enverra le pouvoir du Maître à travers son bras étendu. Le débutant demandera peut-être : « Comment puis-je faire cela?

Et même, si j'essaie, comment aurai-je la certitude que j'ai réussi? »

Tout ce qui est nécessaire en pareil cas, est une conviction ferme et une résolution intense — la conviction basée sur son étude, qui lui a appris que cette chose peut être faite — et la résolution intense de la faire, qui vient de sa dévotion profonde au Maître, et de son ardent désir de faire Sa volonté. Dans tous les efforts magiques, le succès dépend de l'absolue confiance de l'opérateur; celui qui doute de sa propre capacité est vaincu d'avance. Ainsi il lui suffit de mêler à la bienvenue cordiale qu'il souhaite à son visiteur en lui serrant la main, la ferme pensée : « Je vous donne par cela l'amour du Maître ».

S'il se trouve dans une foule, il répandra de la même façon parmi les gens cette même influence de l'amour du Maître, et ce déversement sera pour lui une protection bien meilleure que toute espèce de coque.

LA FABRICATION DES TALISMANS

Un autre emploi qu'on peut encore faire de cette force est d'en charger certains objets — ce qui les convertit en talismans. J'ai parlé précédemment des effets que de tels talismans sont susceptibles de produire; je parlerai maintenant de la façon dont on les fabrique. Les branches plus avancées de cet art requièrent un savoir défini, qu'on obtient seulement par une suite d'études très étendues; mais tout homme fervent peut faire un talisman temporaire, qui sera d'une grande utilité à qui a besoin d'aide.

Quelqu'un accoutumé à ce travail peut accomplir pratiquement à l'instant même un acte ordinaire de magnétisation ou de démagnétisation, par le simple exercice de sa volonté; mais le novice a généralement besoin de s'aider dans la concentration de sa volonté en pensant avec soin aux différentes étapes de l'action et en faisant les gestes appropriés.

Supposons, par exemple, qu'on désire magnétiser quelque petit objet (un anneau, un médaillon, un porte-plume, etc.), dans le but d'en faire une amulette contre la peur; quelle est la méthode de procéder la plus facile?

Voyons d'abord exactement ce qui est demandé. Nous désirons charger ce corps de matière éthérique, astrale et mentale où soient accumulées des ondes d'un type particulier : les ondes du courage et de la confiance. L'occultiste entraîné rassemblerait sur chacun de ces plans tel type de matière susceptible de recevoir et de retenir le plus aisément des vibrations de ce caractère exact; le débutant ne sachant rien de tout cela devra employer n'importe quelle matière et dépensera ainsi une somme de force bien plus grande que n'en mettrait en œuvre son frère plus expérimenté.

On peut comparer la fabrication d'une amulette à la gravure d'une inscription; l'acquisition de la sorte de matière convenable correspond à l'obtention d'une surface parfaite sur laquelle il soit possible d'écrire. Le débutant, qui ne peut encore choisir, devra écrire sur la première surface disponible qui se présente, il aura plus de mal et le résultat sera moins parfait. La première difficulté qu'il rencontrera est que sa feuille n'est même pas une feuille blanche, son papier porte déjà une inscription qu'il faut effacer avant d'en pouvoir écrire une autre. Si la bague ou la médaille a été portée par quelqu'un, elle est déjà remplie du magnétisme de cette personne, magnétisme qui peut être meilleur, ou pire, que celui de l'étudiant, mais de toute façon est différent du sien et constitue un obstacle — absolument comme toute espèce d'écriture, bonne ou mauvaise, qui couvre déjà une feuille de papier, rend impossible l'emploi de celle-ci pour écrire encore. Même si l'anneau ou le porte-plume est tout à fait neuf, il contient vraisemblablement quelque chose du magnétisme particulier du fabricant ou du marchand; c'est pourquoi, dans tous les cas, la première chose à faire est d'effacer tout ce qu'il peut y avoir, pour obtenir une feuille nette, propice à notre inscription. Il y a pour cela différentes méthodes; je vais en décrire une très simple.

Posez l'extrémité de l'index de la main droite contre le bout du pouce, de façon à faire un anneau, et imaginez une pellicule d'éther tendue à travers cet anneau, comme la partie supérieure d'un tambour. Ayez fortement la volonté que cette pellicule se forme et souvenez-vous que ce seul effort de volonté la forme effectivement, bien que vous ne puissiez la voir. Souvenez-vous aussi qu'il est essentiel au succès de l'expérience que vous soyez tout à fait certain de ce fait — que vos études préalables vous aient convaincu que la volonté humaine a le pouvoir de disposer la matière subtile de telle façon ou de telle autre.

Gardant alors votre attention fermement fixée sur cette pellicule pour la maintenir tout à fait rigide, passez lentement à travers elle l'objet à démagnétiser, et vous le débarrasserez ainsi, entièrement, de la partie éthérique de son magnétisme antérieur. Je ne veux pas dire que vous le laisserez sans matière éthérique, mais que chaque particule de cette matière sera balayée et remplacée; de même que si l'on souffle fortement à l'une des extrémités d'un tube plein de gaz, tout le gaz est poussé dehors, mais le tube n'est pas vide pour cela, car la pression atmosphérique l'emplit immédiatement de l'air environnant. Ainsi l'éther spécialement chargé est tiré hors du médaillon ou du porte-plume et remplacé par l'éther ordinaire, qui interpénètre l'atmosphère environnante.

Le pas suivant est de dissoudre la pellicule éthérique et de la remplacer par une pellicule de matière astrale, à travers laquelle on passera encore l'objet. Le processus sera répété avec une pellicule de matière mentale et l'objet sera alors entièrement débarrassé, sur les trois plans, de toute espèce de magnétisme particulier — nous aurons, en fait, une feuille propre sur laquelle nous pouvons écrire ce que nous voulons. L'étudiant, après un peu de pratique, peut faire une pellicule combinée, contenant la matière éthérique, astrale et mentale, de façon à accomplir toute l'opération en passant l'objet une seule fois à travers l'anneau.

L'opérateur doit alors exercer toute sa force à s'emplir des qualités que l'anneau devra communiquer (en ce cas, le courage, la confiance en soi), excluant à cette minute toute pensée d'autres vertus, se faisant l'incarnation vivante de celles-là. Ainsi monté à ce niveau d'enthousiasme, qu'il prenne l'objet dans sa main gauche ou le pose devant lui sur la table, et lui verse le magnétisme à travers les doigts de sa main droite, voulant sans cesse et de toute sa volonté qu'il soit rempli de l'essence même du courage, de la valeur et de l'intrépidité.

Il sera probablement aidé dans sa concentration si, pendant qu'il agit, il se répète à lui-même avec fermeté et sans relâche des mots tels que: « Courage, confiance au nom du Maître »; « Où sera cet objet, nulle crainte n'entrera ». Cela ou n'importe quelle autre formule exprimant une idée analogue. Qu'il fasse ceci pendant quelques minutes sans permettre à son attention de dévier un seul instant, et il aura fait un talisman réellement effectif, qu'il soit à cet égard sans l'ombre d'un doute.

Ce processus prendra probablement au novice un certain temps, mais un homme qui en a l'habitude le fait promptement et sans difficulté. L'occultiste entraîné fait un usage constant de ce pouvoir pour aider ceux avec qui il est en relations; jamais il n'expédie une lettre ou même une carte postale sans chercher quel présent de magnétisme délassant, consolant ou fortifiant il peut y joindre. Il a à sa disposition beaucoup d'autres moyens de faire un talisman, à côté de celui que j'ai décrit; peut-être si j'en énumère quelques-uns, cela aidera-t-il à une compréhension plus complète du sujet, quand bien même ces moyens seraient tout à fait au delà de la portée de l'étudiant ordinaire.

DIFFÉRENTES SORTES DE TALISMANS

Les amulettes sont de toutes sortes et de toutes espèces. Il y en a littéralement plusieurs milliers d'espèces — mais pour ce que nous voulons faire, nous les diviserons en quatre classes, que nous appellerons respectivement les amulettes générales, adaptées, animées et liées.

1° Amulettes générales. — La méthode que j'ai suggérée ci-dessus, produit un talisman de cette sorte. Un homme entraîné obtient naturellement, avec moins de peine un meilleur résultat, non seulement parce qu'il sait employer sa volonté d'une façon effective, mais parce qu'il a appris aussi à sélectionner les matériaux les plus appropriés; en conséquence, l'influence de son amulette est plus forte, et dure plusieurs années, au lieu de quelques mois. Cette forme de talisman est tout à fait simple; son objet est de déverser un courant fixe d'ondes exprimant la qualité dont il est chargé, et il le fera avec une vigueur égale pendant une période dont la durée dépend de la force qui a été mise en lui à l'origine.

2° Amulettes adaptées. — L'amulette adaptée est celle qui a été soigneusement préparée pour convenir à une personne particulière. Celui qui la fait étudie l'homme à qui elle est destinée et note avec soin les déficiences de ses corps mental, astral et éthérique. Il trie ensuite, dans la matière respective des différents plans les éléments de son talisman — comme un médecin choisit les drogues pour composer une ordonnance — il choisit un certain type d'essence pour réprimer une tendance astrale indésirable, puis un autre dans le but de stimuler l'action indolente de quelque branche défectueuse de l'activité mentale, et ainsi de suite. Il produit ainsi une amulette exactement adaptée aux besoins d'une personne particulière, et qui fera bien davantage pour cette personne que ne le pourrait un talisman général; bien entendu, cette amulette serait de peu d'utilité à d'autres qu'à celui à qui elle est destinée. Elle est semblable à une clé adroitement faite, avec beaucoup de gardes qui correspondent exactement à sa serrure, mais n'en ouvrirait pas une autre; tandis qu'un talisman général peut être comparé à un passe-partout, qui ouvrira beaucoup de serrures sans correspondre parfaitement à aucune.

3° Amulettes animées. — Quelquefois on désire établir un centre de radiation qui, au lieu d'agir pendant quelques couples d'années au plus, continue son rayonnement à travers les siècles. En ce cas, il ne suffit pas de charger l'objet choisi d'une forte dose de magnétisme, car aussi grande que puisse être cette dose, elle doit s'épuiser au bout d'un certain temps; pour obtenir un résultat plus permanent, nous devons faire entrer en jeu quelque forme de vie; on y arrive en adoptant l'une ou l'autre des deux méthodes que voici.

La première est d'enclore dans le talisman un fragment minuscule d'un de ces minéraux supérieurs qui sont suffisamment vivants pour déverser un perpétuel courant de particules. Une fois cela fait, la réserve de forces versée dans l'amulette durera presque indéfiniment, puisque au lieu de rayonner sans cesse de sa propre substance dans toutes les directions, elle ne rayonne pas, mais charge seulement les particules qui passent à travers elle. Ainsi le travail de distribution est fait par le minéral, ce qui assure une très grande économie d'énergie.

La deuxième méthode est de disposer les éléments du talisman de façon à faire de celui-ci un moyen de manifestation pour l'un quelconque des esprits de la nature appartenant à certaines classes comparativement peu développées. Il y a des tribus de ces créatures qui, bien que pleines d'énergie et très désireuses de l'utiliser, ne peuvent s'exprimer elles-mêmes à moins qu'elles ne trouvent une sorte d'issue. Il est donc possible de magnétiser une amulette de façon à en faire précisément la sorte d'issue requise et, par là même, d'assurer à travers elle l'écoulement constant d'un courant d'énergie à haute pression, qui peut durer des milliers d'années, à l'intense joie de l'esprit de la nature et au grand profit de tous ceux qui approchent le centre magnétisé.

4° Amulette liée. — L'amulette liée diffère complètement des autres sortes de talismans par une particularité importante. Tous ceux qui ont été décrits précédemment sont faits et mis en action par celui qui les créa, et ensuite abandonnés à eux-mêmes pour poursuivre leur course et vivre leur vie, comme un horloger construit une pendule, la vend à un client et ne sait ensuite plus rien d'elle. Mais il arrive qu'il plaise à l'horloger de rester en contact avec son chef-d'œuvre, et qu'il entreprenne de le garder remonté et en ordre; ceci correspond à l'arrangement conclu dans le cas d'un talisman lié. Au lieu de simplement charger l'objet d'une influence d'un certain ordre, l'opérateur en le magnétisant, le met en rapport étroit avec lui-même, de façon à en faire une sorte d'avant-poste de sa conscience, une espèce de téléphone récepteur, toujours relié à lui, à travers lequel il peut atteindre le porteur du talisman ou être atteint par lui.

Une amulette de ce type ne travaille pas mécaniquement, sur le principe du gyroscope, comme le font les autres; ou peut-être, devrais-je plutôt dire, elle a une légère action qui s'y rattache puisqu'elle suggère si fortement la présence de celui qui l'a faite, qu'elle agit souvent comme préventif, gardant son porteur de faire ce qu'il ne voudrait pas que l'auteur le vit faire; mais son action principale est d'une sorte différente. Elle établit un lien au moyen duquel le porteur peut, à un moment critique, envoyer un appel de secours au constructeur de l'amulette qui, immédiatement, sent cet appel et y répond par un déversement de force du type requis, quel qu'il soit.

Son fabricant peut aussi l'employer comme un canal à travers lequel il envoie des ondes périodiques d'influence, administrant ainsi un traitement suivi, une sorte de massage émotionnel ou mental. Cette méthode de gouverner un cas (je crois que nos amis de la Christian Science l'appellent « traitement absent ») ne requiert pas toujours une amulette, la simple projection de courants astrals et mentals est suffisante, mais un talisman facilite le travail et permet à l'opérateur de traiter plus rapidement avec le double éthérique du sujet.

Habituellement, le lien n'est fait que dans les plans physique, astral et mental inférieur, et par là même, est confiné à la personnalité de son constructeur; mais il y a des circonstances où il plaît à un Grand Etre d'enchaîner un talisman physique à Lui-même en Son corps causal, l'influence du talisman dure alors à travers les âges. Il en fut fait ainsi par Apollonius de Tyane avec les objets physiques enfouis à différents endroits appelés à avoir de l'importance dans l'avenir.

DÉMAGNÉTISATION

Il peut arriver qu'il soit désirable de démagnétiser des objets plus grands que ceux qui ont été cités plus haut. En pareil cas, il faut tenir les deux mains éloignées l'une de l'autre à la distance nécessaire, et imaginer une large bande de matière éthérique tendue entre elles, à travers laquelle le magnétisme antérieur sera enlevé comme précédemment. Une autre façon encore, est de tenir les mains appuyées chacune d'un côté de l'objet et d'envoyer d'une main à l'autre, à travers lui, un fort courant de matière éthérique qui balaiera l'influence indésirable. Cette même force peut souvent servir de la même façon à soulager une douleur. Un mal de tête, par exemple, qui habituellement résulte ou est accompagné d'une congestion de matière éthérique dans le cerveau, peut être guéri en plaçant une main sur chaque tempe du malade et en balayant la matière congestionnée par un effort de la volonté.

Le pouvoir de démagnétisation peut servir aussi à rendre une pièce nette de toute influence indésirable. Dans le cas où un visiteur laisserait derrière lui une atmosphère déplaisante; ou encore si l'on trouvait dans un appartement d'hôtel de désagréables conditions astrales prédominantes; si de telles circonstances se présentent, il est utile de savoir comment agir en face d'elles. Quelqu'un accoutumé à la pratique de ces formes de magie moyenne arrangerait l'affaire en quelques minutes, par l'exercice de sa volonté entraînée; mais l'étudiant plus jeune préférera probablement employer les moyens intermédiaires, comme le fait précisément l'Eglise catholique.

Le volume d'une chambre, même petite, est trop grand pour permettre l'emploi des tactiques de purification recommandées précédemment, aussi devrons-nous, ici, invoquer le grand principe de sympathie et d'antipathie, et lancer à l'intérieur de la chambre une série de vibrations si hostiles à la mauvaise influence, que cette dernière soit dominée ou chassée. Il n'est pas difficile de créer une pareille onde, mais il faut trouver les moyens de la répandre rapidement par toute la chambre. Une méthode toujours prête, est de brûler de l'encens ou des pastilles; une autre est d'asperger d'eau; mais l'encens et l'eau doivent tous les deux être d'abord soumis à l'opération recommandée pour la fabrication d'un talisman. Leur magnétisme originel doit être remplacé et ils doivent être chargés de la pensée de pureté et de paix. Si cela est fait parfaitement, lorsque l'encens sera brûlé, ses particules (portant chacune l'influence désirée) se dissémineront rapidement à travers chaque centimètre cube d'air de la chambre; ou, si l'on a employé l'eau et aspergé la pièce, chaque goutte deviendra à l'instant même un centre de radiation active. Un vaporisateur est une méthode de distribution encore plus efficace, et si l'étudiant emploie de l'eau de rose à la place de l'eau ordinaire, son travail sera considérablement facilité.

La méthode d'action de ces désinfectants éthériques ou astrals est évidente. L'influence gênante dont nous désirons nous libérer s'exprime elle-même en ondes éthériques et astrales d'une certaine longueur. Nos efforts magnétiques remplissent la pièce d'une autre série d'ondes, différentes en longueur, et plus puissantes du fait qu'elles ont été lancées avec intention, tandis que les autres ne le furent probablement pas. Les deux séries de vibrations discordantes ne pouvant coexister, la plus forte domine la plus faible et l'éteint.

Ce sont là quelques-uns des usages qui peuvent être faits de la force qui demeure en l'homme, de la force qui coule à travers lui. En ce cas, comme en tout autre, savoir est pouvoir; en ce cas comme en tout autre, pouvoir plus grand signifie responsabilité plus grande et occasions plus nombreuses. Si vous pouvez développer ce pouvoir promptement, si vous pouvez faire ces choses vite et avec facilité, tant mieux pour vous, aussi longtemps que vous userez de cet avantage d'une façon désintéressée, que vos efforts tendront par lui à rendre le monde un peu plus heureux, un peu meilleur et un peu plus propre.

BIEN FAIRE LES PETITES CHOSES

Rappelons la deuxième maxime : que chaque chose sera faite aussi parfaitement que nous le pouvons. Chargez votre lettre de magnétisme et faites d'elle un talisman; sans doute, vous ferez ainsi beaucoup de bien, mais n'oubliez pas que la simple écriture physique doit en être parfaite aussi — d'abord par courtoisie pour le destinataire, et ensuite parce que tout travail accompli pour le Maître doit être fait avec le soin le plus extrême jusque dans ses moindres détails. Et comme nous accomplissons tout notre travail pour Lui, que nous l'exécutons en Son Nom et pour Sa gloire, cela signifie que nous ne devons jamais rien faire sans soin. La question de désintéressement intervient là également : personne n'a le droit d'ennuyer autrui en le condamnant à déchiffrer une écriture illisible, ni de gagner quelques minutes de son propre temps en en faisant perdre beaucoup à un autre.

Nous ne devons pas croire que, parce que nous savons plus que les autres sur le côté caché des choses, et pouvons par là même ajouter à nos actes quotidiens des avantages inattendus, nous sommes de ce fait dispensés d'accomplir du mieux qu'il nous est possible notre part ordinaire de ces actes de tous les jours. A tous égards et de tous points de vue, notre ouvrage doit être meilleur et non pas pire que celui des autres, pour l'honneur du Maître que nous servons. La sorte d'ouvrage qu'Il nous donne importe peu; mais que cet ouvrage soit fait noblement importe au suprême degré. Et l'homme qui, au cours de sa vie, accomplit avec soin les petits détails journaliers ne sera pas pris au dépourvu si, quelque jour, il se trouve face à face avec une grande opportunité.

Les petites choses dans la vie pèsent plus que les grandes; elles sont si nombreuses et il est tellement plus difficile de les bien accomplir sans chanceler. Saint Augustin remarquait : « Beaucoup voudront mourir pour le Christ, mais bien peu voudront vivre pour Lui. » Beaucoup d'entre nous feraient sur l'heure, et avec joie, quelque grande chose pour le Maître; mais Il ne demande pas cela couramment. Il nous demande de vivre notre vie quotidienne noblement, non pour nous, mais pour les autres; de nous oublier pour ne nous souvenir que du bien de l'humanité. Habituons-nous donc à être secourables, car cela, comme toute autre chose, deviendra bientôt une habitude. Cela rend certainement la vie plus intéressante, et par-dessus tout, nous rapproche chaque jour de Lui.

ÉCRIRE UNE LETTRE

J'ai dit, quelques pages plus haut, qu'un occultiste n'expédie jamais une lettre sans y joindre quelque magnétisme de force et d'encouragement; mais point n'est besoin d'être très avancé pour accomplir un acte de magie aussi élémentaire que celui-là. N'importe qui peut le faire, avec un peu d'attention, quand il comprend comment travaillent ces forces.

Nous savons tous qu'il suffit à un psychomètre de prendre en main une lettre pour pouvoir décrire l'apparence personnelle de celui qui l'a écrite, l'état de son esprit au moment où il l'écrivait, la pièce où il était assis, les gens qui pouvaient être présents, et même la scène environnante.

Il est, par cela, manifeste qu'une lettre apporte avec elle bien plus que le message qui y est écrit, et quoique seul un être développé comme un psychomètre puisse sentir tout cela avec une clarté suffisante pour l'amener à l'état de vision réelle, il est évident qu'un effet de ce genre peut être produit sur ceux même qui ne voient pas parfaitement. Les vibrations sur lesquelles sont fondées les observations du psychomètre sont là, qu'il y ait ou non quelqu'un d'apte à voir par elles, et elles peuvent affecter jusqu'à un certain point toute personne avec qui elles viennent directement en contact. Ceci étant, nous voyons qu'il y a là une opportunité pour qui comprend. L'étudiant peut apprendre comment opèrent ces forces et les diriger ensuite intelligemment comme il le veut.

Supposons, par exemple, qu'il désire écrire une lettre de condoléances et de consolation à un ami qui a « perdu », ainsi que nous le disons improprement, quelqu'un de proche et d'aimé. Nous savons tous combien il est difficile d'écrire une pareille lettre. Lorsque nous le tentons, nous mettons sur le papier toute consolation qui nous vient à l'esprit, en essayant de l'exprimer avec autant de véhémence et de sympathie que nous le pouvons, tout en restant bien conscients que les mots sont impuissants en pareil cas et ne peuvent apporter qu'un pauvre réconfort à celui qui vient d'être éprouvé. Nous sentons la vanité et l'inefficacité de notre lettre, mais nous l'envoyons malgré tout, parce que nous désirons exprimer notre commisération et savons que nous devons faire un geste en pareille circonstance.

Une lettre telle n'est pas nécessairement inutile et sans valeur. Elle peut produire au contraire l'effet le plus bienfaisant et amener à un grand allègement de la peine. Les mots, souvent, nous font défaut, mais non pas nos pensées; et en écrivant une pareille lettre, le cœur d'un homme peut être rempli de l'ardent désir d'apporter aide et encouragement, quelque pauvrement qu'il se soit exprimé. S'il exerce sa volonté, il peut faire que cette lettre porte avec elle sa pensée et son sentiment de telle sorte qu'ils réagissent sur l'esprit et la sensibilité du destinataire pendant que ses yeux lisent attentivement le manuscrit.

Nous savons que des courants de pensée et de sentiment peuvent être envoyés à la personne éprouvée, immédiatement et sans le secours physique d'une lettre; et tel qui n'a pas d'autre travail pressant peut, sans aucun doute, consoler et fortifier l'affligé en déversant sur lui un courant soutenu de telle pensée et de tels sentiments. Ecrire la lettre n'empêche en aucune façon l'étudiant d'offrir aussi de cette manière une aide efficace, c'est au contraire un utile supplément qui continue l'œuvre pendant que l'étudiant est occupé à autre chose.

Ceux qui essaient, à leur faible niveau, d'aider le monde, s'aperçoivent bientôt qu'ils ont une multitude de cas sous la main et qu'ils peuvent travailler plus utilement en répartissant leur temps entre ceux-ci. L'étudiant plus avancé laissera à chacun de ces cas une forme-pensée puissante, qui rayonnera de l'énergie et de la gaieté, jusqu'à ce qu'il puisse y revenir avec toute son attention.

Mais celui qui n'a pas encore développé son pouvoir à ce point peut instantanément produire un effet presque équivalent s'il a une base physique sur laquelle établir la forme-pensée. Une lettre lui fournit exactement cette base et il peut y verser des forces guérissantes et affermissantes jusqu'à ce qu'elle devienne un véritable talisman. Si celui qui écrit pense avec force à sa sympathie et à son affection, s'il veut ardemment charger la lettre de cette pensée, et de ce sentiment, celle-ci les portera assurément pour lui. Quand elle arrivera à destination, l'ami qui l'ouvrira reconnaîtra naturellement la bonne intention de l'envoyeur, de ce fait même s'ouvrira à l'influence, et adoptera inconsciemment une attitude réceptive. Pendant qu'il lira le message écrit, les pensées et les sentiments d'aide joueront sur son esprit et sur sa sensibilité, et l'effet produit sur lui sera hors de toute proportion avec les simples mots physiques.

L'action de la lettre ne cesse pas ici. Le destinataire la lit, la laisse de côté, et peut-être l'oublie, mais ses vibrations n'en rayonnent pas moins constamment et continuent à l'influencer longtemps après que la lettre elle-même est sortie de son esprit. S'il lui arrive de la mettre dans sa poche et de la porter avec lui, l'influence de celle-ci sera naturellement plus proche et plus forte; mais, dans tous les cas, une lettre semblable, toute d'aide et de bonne intention, remplira la pièce entière de paix et de réconfort, de sorte que la personne en deuil en ressentira les effets à n'importe quel moment où elle entrera dans la chambre, aussi inconsciente qu'elle soit de la source qui les produit.

Bien entendu, ce n'est pas seulement à la consolation que ce pouvoir peut être employé. Une mère inquiète au sujet des tentations qui peuvent environner un fils absent, peut lui envoyer des lettres qui l'entoureront d'un halo de pureté et de paix, et le garderont innocent et pur à travers plus d'une scène périlleuse. Il n'y a pas besoin pour cela, d'une multitude de mots; une humble carte postale même peut porter son message d'amour et de force, et peut être un réel bouclier contre les mauvaises pensées, ou une impulsion dans la direction des bonnes.

Il peut arriver qu'avant d'atteindre le destinataire, une lettre soit maniée par tant de personnes que le caractère du magnétisme qu'elle pouvait apporter s'en trouve nécessairement mélangé. Il y a là beaucoup de vrai; mais les facteurs, les trieurs, les servantes qui la manipulent n'y ont pas d'intérêt particulier; en conséquence, l'influence que leurs pensées peut y exercer est du caractère le plus superficiel, tandis que l'envoyeur a jeté avec intention dans cette lettre une abondance de sentiments qui l'a entièrement pénétrée et est assez forte pour dominer toutes adjonctions fortuites de cette sorte.

Par occasion, ceci nous aide à comprendre que cette action d'écrire une lettre comporte toujours une responsabilité. Nous pouvons charger volontairement notre missive d'une grande force bienfaisante, et cela nécessite un effort spécial de volonté; mais il est hors de doute aussi que, sans aucun effort spécial, notre humeur, quand nous écrivons, s'imprime sur le papier quoique moins fortement. Par là même, si un homme est dans un état d'irritation ou de dépression en rédigeant une lettre, les émotions de sa volonté se refléteront fidèlement dans son œuvre, la lettre portera ces vibrations et les rayonnera au destinataire bien qu'elles ne lui soient pas destinées, et qu'à l'origine l'ennui ou la dépression n'aient eu aucun rapport avec lui. D'autre part, si celui qui écrit est heureux et serein, une lettre de lui, ne serait-elle qu'une courte communication d'affaires, contiendra quelque chose de ces qualités et répandra autour d'elle une bonne influence.

C'est pourquoi il est de toute nécessité que toute personne que sa profession oblige à écrire beaucoup de lettres, cultive la sérénité, la bienveillance, et s'efforce de se maintenir dans une tournure d'esprit sympathique et secourable, afin que ses lettres portent avec elles cette bonne influence. Celui qui est insidieux et difficile, dictateur et morose est tout à fait impropre à tenir aucune position de secrétaire, car il distribuera inévitablement gêne et dissensions à tous ceux qui sont assez infortunés pour avoir à correspondre avec lui.

La préférence que ressentent beaucoup de gens sensibles pour une lettre écrite à la main plutôt qu'à la machine à écrire, est due au fait qu'en passant et repassant la main sur le papier, il s'accumule dans la lettre une quantité de magnétisme personnel plus grande que lorsque la main ne vient pas en contact direct avec elle; malgré quoi, un étudiant de l'occultisme qui écrit une lettre à la machine la charge de magnétisme par un simple effort de sa volonté, bien plus efficacement qu'elle ne peut en être chargée inconsciemment même écrite à la main, par quelque ignorant de ces vérités.

L'occultiste étend cette idée en beaucoup d'autres directions. Tout présent qu'il fait à un ami est destiné à produire un résultat bien plus permanent que le simple plaisir qu'il cause à son arrivée. S'il donne un livre ou le prête, il n'oublie pas d'ajouter aux arguments de l'auteur son propre désir ardent que les pensées du lecteur soient élargies et libérées. Essayons tous de répandre de cette manière, joie et bénédiction; assurément, nos efforts ne manqueront pas d'avoir leur juste effet. Chaque objet autour de nous doit être un centre d'influence, et nous pouvons rendre son action forte ou faible, utile ou nuisible. C'est donc à nous de veiller à ce que, chaque fois que nous faisons un cadeau à un ami, son influence soit puissante et définie, et toujours pour le bien. Ces choses sont encore peu étudiées dans le monde ordinaire, mais elles représentent de grandes vérités pour tout cela. Les sages y feront attention et gouverneront leur vie en conséquence, par là ils se rendront à la fois plus heureux et plus utiles que ceux qui se contentent de demeurer ignorants de cette science élevée.

LE TRAVAIL PENDANT LE SOMMEIL

Un des points subsidiaires les plus plaisants qui nous soient révélés par l'étude de la Théosophie, est celui de la possibilité d'employer utilement le temps pendant lequel le corps est endormi. Je me souviens avec quelle colère je ressentais en mes plus jeunes années la nécessité de passer du temps à dormir quand il y avait une somme si écrasante de travail à accomplir, et comment, en conséquence, j'essayais de réduire au minimum le temps du sommeil. Etant en bonne santé et intrépide, je m'arrangeai pendant des années pour tenir en ne dormant que quatre heures par nuit, et crus que je gagnais ainsi du temps pour accomplir ma besogne. Maintenant que j'en sais davantage sur ce sujet, je comprends que j'étais dans l'erreur, et que j'aurais pu effectivement accroître mon utilité en me permettant un repos normal, ce qui m'aurait assuré en même temps un corps plus vigoureux encore pour l'œuvre de mes dernières années. Mais ce fut vraiment pour moi un réconfort d'apprendre dans la littérature Théosophique que le corps seul est insensible pendant le sommeil, tandis que l'homme réel continue son travail, qu'il en fait en vérité la majeure partie et le fait mieux, parce qu'il n'est plus entravé par son véhicule physique.

Cependant, les étudiants Théosophes mêmes, qui sont tout à fait accoutumés à penser aux mondes supérieurs, et à la possibilité d'y être actif, ne se rendent pas entièrement compte à quel point c'est vraiment là la vie réelle, la vie dans le monde physique n'en étant qu'un intermède. Dans notre conscience à l'état de veille, la plupart d'entre nous regardent toujours la vie diurne comme réelle et la vie nocturne ou rêve comme irréelle; mais c'est en vérité l'inverse même qui est exact, comme on peut aisément le voir, si nous rappelons que dans cette vie-ci les plus nombreux d'entre nous ne savent quoi que ce soit de celle-là, tandis que dans cette vie-là, nous nous souvenons entièrement de celle-ci. C'est pourquoi cette vie-ci a de longues interruptions journalières dans sa continuité; cette vie-là est ininterrompue du berceau à la tombe et au-delà. Et, en plus de ce qui vient d'être dit, parce que pendant cette vie nocturne, le corps physique étant laissé pour le moment à l'écart, l'égo peut se manifester davantage. L'homme en son corps astral est beaucoup plus près de lui que ne l'est cette représentation entravée qui est tout ce que nous pouvons voir ici-bas. Quand plus tard, dans notre évolution, un développement plus avancé est atteint et que l'homme peut fonctionner dans son corps mental, nous sommes encore un autre stade plus près de la réalité; et en vérité, il n'y a plus au delà qu'un stade pour la manifestation de l'égo dans son corps causal, ayant une conscience unifiée qui s'étend à travers tous les âges, depuis le temps lointain où il s'éleva du règne animal jusqu'à l'infini qui est devant lui.

Voyons donc ce que nous pouvons faire de cette vie la nuit, pendant que nous abandonnons notre corps physique à son repos. De nombreuses formes d'activité s'offrent à nous et comme j'en ai parlé abondamment dans le livre intitulé *Les Aides invisibles,* je ne me répéterai pas ici. Je puis résumer la question en disant que, pendant nos heures de veille, nous pouvons aider ceux que nous savons être dans le chagrin ou la souffrance, en formant une claire et forte pensée-image de celui qui souffre et en déversant alors un courant de compassion, d'affection et de force; mais pendant la nuit, nous pouvons faire plus que cela, nous pouvons porter le remède plus loin, parce que nous pouvons aller nous-mêmes dans le corps astral et nous tenir à côté du lit du malade, de façon à voir exactement ce qu'il faut, et donner tout ce qui peut être spécialement requis dans le cas particulier, au lieu d'offrir simplement un réconfort ou une consolation.

On peut de cette façon apporter aide et encouragement non seulement aux vivants, mais aussi à la vaste multitude des morts; et souvent ceux-ci en ont sérieusement besoin, ce qui est dû en partie au faux et mauvais enseignement religieux qui est si souvent donné, et en partie à l'ignorance totale des conditions d'autres mondes, qui règne parmi le public général de ce côté du voile. Un tel travail comporte des variétés infinies, encore que ceci même n'épuise en aucune façon les possibilités qui s'ouvrent devant nous. Dans le monde astral, nous pouvons à la fois donner et recevoir des enseignements. Grâce à l'anonymat du monde astral, nous pouvons assister, inspirer, conseiller toutes sortes de gens qui, dans le monde physique, ne nous auraient vraisemblablement pas écoutés. Nous pouvons suggérer de bonnes et libérales idées aux ministres et aux hommes d'Etat, aux poètes et aux prédicateurs; à toutes les variétés d'écrivains qui s'expriment en livres, magazines et journaux. Nous pouvons de même suggérer aux nouvellistes des intrigues et aux philanthropes de bonnes idées. Nous sommes libres d'aller où nous voulons et de faire n'importe quel travail qui se présente à nous. Nous pouvons, occasionnellement, visiter tous les coins intéressants du monde, en voir tous les monuments magnifiques et tous les décors les plus attirants; nous avons à notre disposition, sans argent et sans prix, son plus bel art, sa plus grande musique, sans parler de la musique plus merveilleuse encore, et des colorations plus splendides du monde astral lui-même.

Que peut faire ici-bas un homme pour se préparer à prendre part à cette œuvre supérieure? Eh! bien, la vie est continue, et quelles que soient les caractéristiques qu'un homme montre ici en son corps physique, il les montrera sans nul doute en son corps astral. S'il est ici plein de gaieté et toujours en quête d'une occasion de rendre service, il peut être tout à fait certain qu'il s'emploie utilement, au maximum de sa capacité, dans le monde astral, bien qu'il puisse ne pas s'en souvenir. Tous débordements du caractère, tel que l'irritabilité, par exemple, qui se montrent ici-bas, contractent la sphère de notre utilité dans le monde astral. C'est pourquoi si l'homme qui ne rapporte aucun souvenir de cette vie désire être sûr qu'il y est bien utilisé et y fait pleinement son devoir, il lui suffit pour autoriser cette certitude, de faire soigneusement ici-bas sa vie telle qu'il sait qu'elle doit être pour un tel but. Il n'y a aucun mystère à ce qui est requis en pareil cas. Dispositions pures et sincères, calme, courage, savoir et amour feront un travailleur astral parfaitement utile, et ces qualités sont à la portée de tout homme qui voudra prendre la peine de les développer en lui.

Il n'est pas difficile de voir pourquoi elles sont nécessaires. Un homme ne peut consacrer toute son énergie à une telle œuvre que si la vie supérieure est pour lui le but unique. Il doit donc avoir la connaissance du monde astral, de ses habitants et de ses caractéristiques; autrement il se trompera toujours lourdement et se trouvera dépourvu en toute occasion qui surgira. Il est évident qu'il lui faut aussi du courage, tout comme il en faut à celui qui s'enfonce dans des jungles inexplorées ou s'aventure à la surface des immenses abîmes. Du calme, car bien que ce soit déjà une affaire suffisamment grave pour un homme de perdre son sang-froid dans le monde physique, c'est quelque chose d'infiniment plus sérieux quand il n'y a point de matière physique pour prévenir le plein effet des vibrations de la colère. Toute manifestation d'irritabilité, d'excitation ou d'impatience dans le monde astral fait de lui à l'instant même un objet de crainte, de sorte que ceux qu'il désirait aider s'écartent de lui avec terreur. Ce qu'il doit surtout avoir au degré le plus complet, c'est l'amour de l'humanité, et, ce qui en découle, le désir ardent d'aider, car sans cela il n'aura jamais la patience de traiter amiablement avec la peur panique et la stupidité irraisonnée que nous trouvons si souvent parmi les morts.

Car beaucoup des cas auxquels nous avons affaire requièrent une telle excessive douceur, une telle habitude de la souffrance, que nul homme aussi énergique et aussi fervent qu'il soit n'est apte à traiter avec eux s'il n'est plein de réelle affection et n'a pas le contrôle parfait de ses véhicules.

A côté de cela, il s'accomplit dans le monde astral beaucoup d'œuvres auxquelles nous sommes plus spécialement intéressés. Bien des médecins visitent pendant le sommeil du corps des cas qui les intéressent vivement, ou sur lesquels ils sont inquiets. Le plus souvent, l'homme en corps physique n'en est pas conscient, mais toute information nouvelle qu'il tire de son investigation astrale parvient souvent à sa conscience de veille comme une sorte d'intuition. J'ai connu des docteurs qui peuvent agir ainsi intentionnellement et en pleine conscience, et il est certain que cela leur donne un grand avantage sur leurs collègues. Un docteur qui meurt continue souvent après la mort à s'intéresser à ses patients et, quelquefois, de cet autre côté où il est, s'efforce de les guérir, ou de suggérer (à son successeur chargé du cas) un traitement que sa faculté astrale nouvellement acquise lui montre comme devant être efficace. J'ai connu un docteur (membre de notre Société) qui, aussitôt après sa mort, se mit en devoir de rassembler tous ses patients morts avant lui, et régulièrement leur prêcha la Théosophie, si bien qu'il a maintenant dans le monde astral une grande troupe de disciples à sa suite.

J'ai connu aussi beaucoup de cas d'amitiés formées dans le monde astral. Il arrive souvent, par exemple, que des membres de notre Société qui vivent aux antipodes l'un de l'autre et n'ont pas l'occasion de se rencontrer dans le monde physique, se connaissent pourtant dans leur vie astrale. Quand ils sont vraiment aux côtés opposés du monde, le jour de l'un est la nuit de l'autre, mais il y a généralement un débordement suffisant pour rendre la liaison possible. Ceux qui sont dans le monde physique des liseurs effectifs continuent leurs activités dans cette direction pendant le sommeil. Des groupes d'étudiants prolongent ainsi leur réunion, et grâce aux facilités supplémentaires que leur donne le monde astral, arrivent souvent à résoudre des problèmes qui leur avaient présenté ici-bas quelque difficulté. Ainsi, non seulement les amis morts, mais les amis vivants qui sont de l'autre côté de la terre, nous environnent au long du jour, bien qu'avec nos yeux physiques nous ne puissions les voir. Nous ne sommes jamais seuls, et comme la plupart des pensées sont visibles dans le monde astral, il convient que nous gardions ce fait présent à l'esprit de peur qu'insoucieusement nous puissions envoyer des vibrations astrales ou mentales susceptibles de faire souffrir ceux que nous aimons.

CHAPITRE XXI

PAR LA PENSÉE COLLECTIVE

LES HYMNES ET LES RITES DE L'ÉGLISE

Dans un des chapitres précédents, j'ai expliqué comment l'assemblée et les paroissiens (habitants de la commune) sont affectés par les cérémonies de l'Eglise, et d'après ce qui fut dit, il n'est pas difficile de voir comment le prêtre peut, de son côté, influencer ceux qui sont autour de lui. Il a choisi un état qui comporte de grandes responsabilités et pour s'en acquitter convenablement, il est important qu'il ait quelque connaissance du côté caché des choses, qu'il comprenne la signification réelle des services de l'Eglise à laquelle il appartient, et sache comment les ordonner avec justesse.

Les ignorants ont soulevé beaucoup d'objections contre la déclaration toujours faite par l'Eglise que la célébration de l'Eucharistie est une répétition quotidienne du sacrifice du Christ. Mais quand nous comprenons, du point de vue occulte, que ce sacrifice du Christ signifie la descente dans la matière du déversement du Second Aspect de la Divinité, nous voyons que ce symbolisme est exact, puisque le flot extérieur de force invoqué par la consécration est en connexion intime et spéciale avec cette partie de nature qui est l'expression de cet Aspect divin.

Le prêtre qui le comprend ne manquera pas d'assigner à ce service la place qui lui convient et prendra soin d'entourer son point culminant de tout ce qui peut, en fait de rite et de musique, ajouter à son effet, et préparer les gens à s'y associer d'une façon plus réceptive. Comprenant aussi de quel mystère redoutable il est ici le gardien, il approchera de sa célébration avec une crainte et une révérence extrêmes, car, bien que son attitude ne modifie en rien le fait central ni ses effets, il est hors de doute que la dévotion profonde du célébrant, sa compréhension et sa coopération attirent une influence supplémentaire qui sera du plus grand secours à son assemblée et à sa paroisse. Un prêtre qui a l'avantage d'être aussi un occultiste a une opportunité magnifique d'utilité s'étendant très loin.

Comme étudiant de la magie, il apprécie à sa valeur l'effet produit par la musique et sait l'utiliser de façon à faire des formes harmonieuses et puissantes. On peut faire beaucoup en incitant l'assemblée à prendre part aux chants de l'église, dans la mesure du possible. Il est impossible qu'ils puissent s'y joindre lorsqu'il s'agit de la production des formes les plus étudiées et les plus magnifiques, dont les effets s'étendent jusqu'aux plans supérieurs, mais les gens eux-mêmes peuvent être aidés à un point presque incalculable s'ils consentent à se joindre de tout cœur à des hymnes et à des chants émouvants et bien choisis.

La branche anglaise de l'Eglise Catholique l'a mieux compris que la branche Romaine, et elle y a gagné un avantage correspondant. L'influence puissante des hymnes chantées au cours d'une procession ne doit pas être négligée, car elle opère utilement en toutes directions; d'abord parce qu'en faisant descendre le chœur parmi l'assemblée pour qu'il circule lentement à travers toutes ses sections, on encourage les gens à se joindre avec vigueur aux chants. Ensuite, parce que l'apparence splendide d'une procession bien ordonnée, la couleur et la lumière, les riches bannières et les vêtements magnifiques concourent à enflammer l'imagination, à élever les pensées des gens au-dessus du niveau prosaïque de la vie ordinaire et à encourager leur dévotion et leur enthousiasme.

LES CONGRÉGATIONS

Beaucoup de ces considérations s'appliquent aussi aux ministres d'autres communions. Bien qu'ils n'aient pas le pouvoir du prêtre qui les met en contact avec le réservoir de force disposé par le Christ pour Son Eglise, ils peuvent faire beaucoup pour leurs fidèles, premièrement par leur propre dévotion, et secondement en évoquant celle de leurs fidèles. Les ressources de la musique congréganiste sont à leur disposition et s'ils parviennent à soulever leurs partisans au niveau requis ils peuvent, eux aussi, produire les merveilleux résultats qui découlent de la dévotion associée d'un grand nombre de gens. Un grand déversement de force, et une forme-pensée collective, magnifique et effective, peuvent ainsi être créés par une assemblée d'hommes s'unissant de tout cœur à un service; mais il est généralement très difficile d'obtenir ce résultat parce que les membres d'une congrégation moyenne sont entièrement dépourvus d'entraînement à la concentration, et en conséquence, la forme-pensée collective est le plus souvent une masse entrecoupée et chaotique, au lieu d'être un tout splendide et ordonné. S'il arrive que quelques étudiants occultistes fassent partie d'une telle assemblée, ils peuvent être d'une grande utilité à leurs compagnons de culte en recueillant consciencieusement les courants de dévotion dispersés, pour les souder en un seul, harmonieux et puissant. Il est évident, à première vue, que tout membre d'une congrégation a ici un devoir défini.

LES MONASTÈRES

Les résultats obtenus par les dévotions réunies d'un corps de moines sont fréquemment bien meilleurs que ceux qui peuvent être produits par une congrégation ordinaire, car les moines se sont graduellement entraînés à quelque chose qui approche de la concentration et ils ont aussi l'habitude de travailler ensemble. L'influence qui s'échappe d'un monastère ou d'un couvent d'ordre contemplatif est souvent très belle et d'une grande utilité à la contrée avoisinante — fait qui montre clairement combien insensée et décelant une vue courte, est l'objection quelquefois soulevée par les protestants, que si les ordres actifs de moines font au moins du bon travail parmi les pauvres et les malades, ceux qui adoptent la voie contemplative font de leur vie un pur rêve par leur isolement égoïste du reste du monde.

Dans la plupart de ces monastères, les heures de prière sont strictement observées et il en résulte un déversement régulier de forces sur le voisinage, plusieurs fois par jour. Dans quelques-unes de ces institutions le système de l'adoration perpétuelle est réalisé devant l'hostie consacrée dans la chapelle du monastère. En pareil cas, c'est un courant continu, ferme et puissant qui apporte nuit et jour à la contrée environnante un bénéfice qu'on ne saurait sous-estimer.

EFFET SUR LES MORTS

L'effet produit dans ces divers cas, est beaucoup plus étendu que ne le croit le penseur ordinaire. Le jeune étudiant de l'occultisme, s'il n'est pas clairvoyant, a quelquefois une certaine difficulté à se rappeler que la foule de ceux que nous ne voyons pas est de beaucoup plus grande que le nombre de ceux que nous voyons, d'où il ressort que les gens qui bénéficient des services de l'église ou des déversements de pensée et de sentiment collectif, ne sont pas seulement les vivants, mais aussi les morts — non seulement les êtres humains mais la multitude des esprits de la nature et des anges des ordres inférieurs. Naturellement, tout sentiment, quel qu'il soit, soulevé en eux, réagit sur nous en retour, de telle sorte que beaucoup de différents facteurs se combinent pour nous fortifier dès que nous faisons le moindre effort pour le bien.

L'Eglise catholique dirige intentionnellement quelques-uns de ses efforts vers ses membres disparus, et les prières et les messes pour les morts sont un des grands traits de la vie dans les pays catholiques. Coutume certainement fort utile, car non seulement les bons souhaits et le déversement de force atteignent ceux à qui ils sont adressés et les aident, mais le fait de prier et de former de tels souhaits, est pour les vivants, une bonne et charitable entreprise qui, bien plus, procure une issue satisfaisante et consolante à leurs sentiments, en les faisant agir pour aider les disparus au lieu de simplement les regretter.

SAUVER LES AMES

Des centaines de gens fervents et bons consacrent une grande somme de force et beaucoup de dévotion aux efforts destinés à ce qu'ils appellent : « sauver les âmes »; ils désignent généralement par cette appellation les gens emprisonnés dans les limites de quelque secte particulière étroite et sans charité. Heureusement leurs efforts dans cette direction ne sont pas souvent couronnés de succès. Mais nous ne devons pas supposer pour cela que toute l'énergie et la pensée qu'ils déploient pour les autres est nécessairement gaspillée. Elle ne fait pas la moitié du bien qu'elle pourrait faire si elle était dirigée intelligemment, mais telle qu'elle est, désintéressée et de bonne intention, elle provoque, des mondes supérieurs, une réponse qui s'adresse tout ensemble au pétitionnaire et à l'objet de ses prières. Si le suppliant est fervent et dépourvu de vanité, la Nature répond à l'esprit plutôt qu'à la lettre de pareilles requêtes, et fait bénéficier leur objet d'un bien général, d'un certain avancement, sans leur infliger en même temps l'abomination d'une étroite théologie.

CEUX QUI N'AIMENT PAS LES CÉRÉMONIES

Il y a dans le monde beaucoup de gens ainsi constitués que les cérémonies de quelque sorte qu'elles soient, n'attirent pas. On peut se demander de quelle sorte de « provision » la Nature les pourvoit, comment elle les dédommage de leur inaptitude à apprécier ou à partager les bénéfices des différentes voies d'influence ecclésiastique dont je viens de parler. D'abord, bien qu'ils soient probablement les derniers à l'admettre, ils partagent ces avantages jusqu'à un point considérable. Peut-être n'entrent-ils jamais dans les églises; mais, j'ai déjà dit comment ces influences rayonnent bien au delà des murs du monument, et comment les vibrations étant envoyées sur tous les plans ont de quoi affecter toutes les variétés de gens.

Pourtant, il est clair que de pareilles gens perdent beaucoup de ce que les autres peuvent gagner s'ils le veulent; quelles sources leur sont donc ouvertes, d'où ils puissent gagner une avance correspondante. Ils ne peuvent guère obtenir la même exaltation, d'ailleurs je suppose qu'ils ne le désireraient pas; mais ils peuvent gagner un stimulant mental. Car, de même que la pensée d'un grand saint rayonnant tout autour de lui soulève la dévotion chez ceux qui sont capables de la ressentir, ainsi la pensée d'un grand savant ou de tout être supérieurement développé intellectuellement, rayonne sur le niveau mental et affecte les esprits des autres dans la mesure où ceux-ci sont capables d'y répondre. Elle stimule le développement mental, bien qu'elle n'agisse pas nécessairement sur le caractère et la disposition de l'homme, d'une façon aussi directe que l'autre influence.

Le parfait savoir peut faire autant pour le bien de la vie que la parfaite dévotion; mais nous sommes encore si loin de la perfection que, dans la vie pratique, nous avons plutôt à négocier avec les stades intermédiaires ou même élémentaires, et il paraît clair que le savoir élémentaire est, dans l'ensemble, moins capable que la dévotion élémentaire, d'affecter le caractère de l'homme. Les deux sont nécessaires et doivent être acquis dans leur intégralité avant d'atteindre l'état d'Adepte; mais nous sommes pour l'instant, développés si partiellement, que la vaste majorité des hommes vise l'un et jusqu'à un certain point néglige l'autre — je veux parler, bien entendu, de la majorité de ceux qui essaient, car le plus grand nombre des hommes dans le monde, n'est encore arrivé à reconnaître ni la nécessité de la connaissance, ni celle de la dévotion. La seule organisation, en Occident du moins, qui s'ajuste pleinement aux exigences de l'homme dans ces deux directions et les satisfasse, me paraît être la Société Théosophique, et ses réunions si petites et si peu importantes qu'elles puissent sembler à un étranger, sont capables quand elles sont convenablement organisées, de rayonner une influence puissante excessivement utile à la société en général.

RÉUNIONS THÉOSOPHIQUES

Une réunion peut produire les résultats les plus importants, non seulement pour ceux qui y prennent part, mais aussi pour leurs voisins qui n'en sont pas conscients. Pour qu'il en soit ainsi, les membres doivent comprendre le côté caché de leur réunion, et travailler en vue de produire les effets les plus élevés possible. Beaucoup de membres négligent complètement cette partie de leur travail, qui est des plus importantes, et ont ainsi une idée tout à fait insuffisante de ce qu'est le travail d'une Loge.

J'ai quelquefois entendu des membres confesser franchement que les réunions d'une loge sont souvent assez mornes et qu'ainsi, ils n'y assistaient pas toujours. Un membre qui fait une pareille remarque n'a pas saisi les faits les plus rudimentaires de l'œuvre de la Loge; il croit évidemment qu'elle existe surtout dans le but de le distraire, et que si ses réunions ne l'intéressent pas, il fait mieux de rester chez lui. L'excuse à une telle attitude (si toutefois il en est une), est que, au cours de beaucoup de vies et sans doute au cours de la première partie de celle-ci, il n'a regardé les choses que du côté extérieur, et du point de vue égoïste, et s'accoutume seulement maintenant au point fixe plus élevé et vrai — attitude du bon sens — qui tient compte de tous les facteurs, les plus élevés comme les plus bas et les moins importants.

La personne qui assiste à une réunion pour y être divertie ou pour l'avantage qu'elle peut en tirer, pense uniquement à elle et non pas à sa Loge ou à sa Société. Nous devrions faire partie de la Société non pour ce que nous tirons d'elle, mais parce que satisfaits de la vérité qu'elle proclame, nous avons le souci de répandre cette vérité parmi les autres autant qu'il se peut. Si nous sommes purement égoïstes vis-à-vis de ces choses, nous pouvons acheter les livres Théosophiques et les étudier sans faire du tout partie de la Société. Nous en faisons partie dans le but de répandre l'enseignement, et dans le but de le mieux comprendre en le discutant avec ceux qui ont passé des années à essayer de le vivre.

Nous, qui lui appartenons, en recevons beaucoup dans le sens de l'instruction, de la compréhension des points difficiles, des sentiments de fraternité et de la pensée bienveillante.

Je sais que pendant mes trente ans de membre de la Société, il m'a été donné beaucoup en ce sens, mais je suis sûr que si je m'étais joint à elle avec l'idée d'en profiter, je n'aurais pas gagné la moitié de ce qui m'est échu. Dans mon expérience de la Société, j'ai vu et revu maintes fois que toute personne qui vient à elle en se disant : « Qu'est-ce que je gagnerai? » gagne peu, parce que, autant que se déverse le courant des forces supérieures, elle est une sorte de « cul-de-sac », ce que les plombiers nomment une « extrémité morte », où rien ne circule. Que peut-il y avoir au fond d'un conduit, qu'un peu d'eau stagnante? Mais si l'on ouvre le conduit et que l'eau y coule librement, il peut en passer une grande quantité.

De même si des membres viennent à une réunion en pensant constamment à eux-mêmes et examinant surtout si ce qui est dit ou fait leur plaît, ils ne gagnent que très peu, c'est certain, comparativement à ce qu'ils pourraient gagner si leur attitude était plus rationnelle. Ces gens ont sans nul doute des accès de désintéressement; mais ce n'est pas suffisant. Un membre doit consacrer sa vie tout entière à essayer de bien remplir son rôle, et de faire son devoir aussi parfaitement qu'il le peut. Du fait qu'il est membre de la Société et d'une Loge, il a son devoir à accomplir de ce point de vue aussi. Lorsqu'un membre déclare que les réunions de la Loge sont ternes, on est toujours tenté de commencer par lui demander : « Que faites-vous donc pour qu'elles soient ternes à ce point? Vous êtes là, vous aussi, et c'est votre affaire de veiller à ce que les choses soient allantes autant que possible ». Si chaque membre individuel sent reposer sur lui le devoir d'essayer de faire de toute réunion un succès, il est probable que cela réussira mieux que s'il y vient juste pour être amusé ou même simplement pour être instruit.

Envisageons maintenant le côté caché de la réunion d'une Loge Théosophique.

Pour cela, nous prendrons comme exemple la réunion hebdomadaire ordinaire où la Loge poursuit sa voie particulière d'étude. Je me réfère à une réunion exclusive de membres de la Loge, car l'effet occulte que je désire décrire ne peut se produire aux réunions auxquelles sont admis des non membres.

Naturellement, le travail de toute Loge a son côté public. C'est ainsi qu'il y a des conférences publiques où l'occasion même est offerte aux gens de poser leurs questions; tout cela est bon et nécessaire. Mais toute Loge digne de ce nom accomplit aussi quelque chose de beaucoup plus élevé qu'aucun travail dans le monde physique, et ce travail supérieur ne peut être fait que par la vertu de ses réunions privées. Bien plus, il ne peut être accompli que si les dites réunions privées sont dirigées de la façon qui convient et sont entièrement harmonieuses.

Si les membres pensent à eux-mêmes, de quelque façon que ce soit, s'ils ont de la vanité personnelle, telle qu'en décèle le désir de briller ou de prendre une part prédominante dans l'événement, s'ils sont susceptibles de s'offenser ou de ressentir l'envie ou la jalousie, aucun effet occulte utile ne peut être produit. Mais s'ils s'oublient eux-mêmes en s'efforçant ardemment de comprendre le sujet traité, il peut en résulter à l'instant même un effet considérable et avantageux duquel ils n'ont habituellement aucune idée. Laissez-moi en expliquer la raison.

Nous supposerons une série de réunions pendant lesquelles on étudie un certain livre. Tout membre sait à l'avance quel paragraphe ou quelle page seront commentés à la prochaine réunion, et il est entendu qu'il prendra la peine de se préparer à y apporter sa contribution intelligemment. Il ne doit pas avoir l'attitude du jeune oiseau dans son nid, qui attend, le bec ouvert, que quelque autre le nourrisse; au contraire, tout membre devrait avoir une compréhension intelligente du sujet en question et être préparé à donner sur celui-ci sa part d'informations.

Une excellente façon de faire serait que chaque membre du cercle s'astreigne à l'examen de certains de nos livres Théosophiques — l'un prenant le premier volume de la *Doctrine Secrète,* l'autre le deuxième, un autre le troisième, un autre la *Sagesse antique,* un autre le *Bouddhisme ésotérique,* et ainsi de suite. Quelques-uns des membres pourraient facilement entreprendre deux ou trois des livres plus petits, et d'un autre côté si la Loge est assez grande, on pourrait très bien diviser entre plusieurs membres un volume de la *Doctrine Secrète,* chacun en entreprenant cent ou cent cinquante pages. Le sujet exact qui sera envisagé à la prochaine réunion est annoncé à la réunion précédente, et chaque membre s'engage à étudier le ou les livres commis à sa charge pour toute référence à leur texte, de sorte que quand il vient à la réunion, il possède déjà sur le sujet toutes les informations contenues dans ces livres particuliers, et il est prêt à les fournir lorsqu'on les demande. Ainsi tout membre a son propre travail, et chacun est grandement aidé à la compréhension pleine et claire du sujet, parce qu'ainsi tous y fixent leur pensée avec ardeur. Quand la réunion s'ouvre, le président désigne tout d'abord quelqu'un pour lire le passage choisi, et demande ensuite à chaque membre, à la ronde, ce que dit son livre, si toutefois celui-ci a quelque chose à dire qui s'y rapporte. Quand tous ont ainsi fourni leur appoint, les questions sont autorisées, et aussi la discussion de tout point qui ne serait pas tout à fait clair. S'il s'élève quelque question à laquelle les membres présents les plus anciens ne se sentent pas tout à fait compétents pour répondre, on doit l'écrire et l'envoyer au quartier général de la Société.

Si l'on adopte une façon de procéder analogue à celle-ci, personne n'aura sujet de se plaindre du manque d'animation des réunions, car tout membre aura sa propre responsabilité à chacune de celles-ci. Chacun doit venir à la réunion avec un esprit d'aide, en pensant à ce qu'il peut apporter et à la façon dont il peut être utile, car beaucoup dépend de l'attitude d'esprit.

Considérons quels effets une réunion telle produira sur le voisinage de l'endroit où elle a lieu. Nous avons déjà noté qu'un service à l'Eglise est un centre d'influence puissant; comment une réunion Théosophique agit-elle sous ce rapport?

Pour comprendre ceci, rappelons ce qui a été dit sur l'action de la pensée. L'onde-pensée peut être générée à différents niveaux du corps mental. Une pensée désintéressée ou une tentative pour comprendre quelque idée élevée n'emploie de la matière mentale que les sortes supérieures. S'efforcer intensément de réaliser l'abstrait, essayer de comprendre ce que signifie la quatrième dimension est le signe, si ces tentatives réussissent, d'une activité naissante du corps causal; tandis que si la pensée est mêlée d'une affection désintéressée, d'une aspiration ou d'une dévotion élevée, il est possible même qu'une vibration du monde intuitif y puisse pénétrer et multiplie au centuple le pouvoir de cette pensée.

La distance à laquelle une onde-pensée peut rayonner effectivement dépend en partie de sa nature, et en partie de l'opposition qu'elle rencontre. Les ondes, dans les types de matière astrale inférieure, sont habituellement vite déviées ou submergées par une multitude d'autres vibrations au même niveau, de même qu'un son doux se perd entièrement au milieu du bruit d'une grande cité.

Pour cette raison, la pensée ordinaire de l'homme moyen, concentrée sur lui-même, celle qui commence sur les plans mentals inférieurs et descend instantanément aux niveaux inférieurs correspondants du plan astral, est comparativement ineffective. Son pouvoir, dans les deux mondes, est limité, parce que aussi violente qu'elle puisse être, une mer tellement immense et houleuse de pensées similaires bat à l'entour, que ses ondes sont inévitablement bientôt perdues dans cette confusion. Une pensée générée à un niveau plus élevé a, du moins, un champ d'action plus clair, parce que, à l'heure actuelle, le nombre de pensées productrices de telles ondes est très petit — la pensée Théosophique est, en vérité, de ce point de vue, presque une classe à elle seule. Il y a des gens religieux dont la pensée est tout aussi élevée, mais jamais aussi précise ni définie que les nôtres; il y a un grand nombre de gens dont les pensées, en matière d'affaires, sont aussi précises qu'on peut le désirer, mais elles ne sont ni élevées, ni altruistes. La pensée scientifique même est difficilement de la même classe que celle du vrai Théosophe, de telle sorte que nos étudiants ont pratiquement un champ pour eux seuls dans le monde mental.

Il résulte de ceci que, quand un homme pense à des sujets Théosophiques, il envoie tout autour de lui une onde puissante parce qu'elle ne rencontre pratiquement pas d'opposition, comme un son au milieu d'un grand silence, ou une lumière brillant dans la plus sombre nuit. Elle met en action un niveau de matière mentale rarement employé jusqu'à présent, et les rayonnements qu'elle produit tombent sur le corps mental de l'homme moyen à un point où il est encore tout à fait endormi. C'est ce qui donne à une semblable pensée sa valeur particulière, non seulement pour le penseur, mais pour les gens qui sont autour de lui; car ceci a tendance à éveiller et à mettre en œuvre une partie entièrement neuve de l'appareil de la pensée. Une telle onde ne propage pas nécessairement la pensée Théosophique à ceux qui en sont ignorants, mais en éveillant cette portion supérieure du corps mental, elle tend à élever et à libérer la pensée de l'homme dans son ensemble dans quelque direction que celle-ci ait l'habitude de se mouvoir, et produit ainsi un avantage incalculable.

Si la pensée d'un seul homme produit ces résultats, la pensée de vingt ou trente personnes dirigée sur le même sujet aura un effet incomparablement plus grand. Le pouvoir de la pensée réunie d'un certain nombre de gens est toujours beaucoup plus grand que la somme de leurs pensées séparées; il serait représenté de façon beaucoup plus approchante par leur produit. On verra ainsi que, même de ce point de vue seul, la réunion d'une Loge Théosophique est une excellente chose pour une cité ou une communauté, car ses agissements, s'ils sont dirigés dans l'esprit qui convient, ne peuvent qu'élever et ennoblir la pensée de la population environnante. Naturellement, il y a beaucoup de gens dont l'esprit ne peut encore être éveillé en rien, sur ces plans supérieurs, mais le battement constant des ondes de cette pensée plus avancée approche, du moins pour ceux-là, le temps de l'éveil.

Nous ne devons pas oublier non plus, le résultat que produit la formation de formes-pensées définies. Celles-ci aussi sont rayonnées par le centre d'activité, mais elles ne peuvent affecter que les esprits qui répondent déjà jusqu'à un certain point à des idées de cette nature. De nos jours cependant, ces esprits sont assez nombreux et nos étudiants peuvent attester qu'après avoir discuté une question telle que la réincarnation, il leur arrive assez fréquemment d'être eux-mêmes interrogés sur ce sujet par des gens qu'ils n'auraient, avant cela, jamais supposés capables de s'y intéresser. La forme-pensée est capable d'accompagner la nature exacte de la pensée chez ceux qui sont quelque peu préparés à la recevoir, tandis que l'onde-pensée, bien qu'elle atteigne un cercle beaucoup plus étendu, a une action bien moins définie.

Il y a déjà ici un effet important, produit sans la moindre intention par nos membres, au cours ordinaire de leur étude; quelque chose de beaucoup plus grand en réalité que ce qu'arrivent vraisemblablement à produire leurs efforts intentionnels dans le sens de la propagande. Mais ce n'est pas tout, le plus important de tout ceci est encore à dire. Toute Loge de cette Société est un centre d'intérêt des Grands Maîtres de la Sagesse, et quand celle-ci travaille bien, loyalement, Leurs pensées et celle de Leurs élèves se tournent fréquemment vers elle. Ainsi, une force plus exaltée que la nôtre peut souvent rayonner de nos assemblées et une influence d'une valeur inestimable peut être convergée là, où autant que nous le sachions, elle ne se serait autrement pas reposée. Ceci semble être la limite ultime que peut atteindre notre travail; mais il y a encore quelque chose au delà de cette limite même.

Tous les étudiants de l'occultisme savent que la Vie et la Lumière de la Déité inondent l'ensemble de Son Système, qu'Elle déverse sur chaque monde et sur chaque plan la manifestation particulière de Sa force qui leur est appropriée. Naturellement plus le monde est élevé, moins voilée est Sa gloire, car à mesure que nous montons nous sommes attirés plus près de sa Source. Normalement, la force déversée sur chaque monde est strictement limitée à ce monde; mais cette force peut descendre sur un niveau inférieur et l'illuminer si elle trouve un canal préparé à cet effet.

Toute pensée ou tout sentiment entièrement désintéressé fournit ce canal. L'émotion égoïste se meut dans un cirque clos, et attire ainsi sa propre réponse à son propre niveau; l'émotion parfaitement désintéressée est un torrent d'énergie qui ne revient pas, mais qui, dans son mouvement d'ascension fournit un canal pour le déversement du Pouvoir Divin venant du plan supérieur voisin, et ceci est la réalité qui gît derrière la vieille idée de la réponse à la prière.

Le clairvoyant voit ce canal comme un grand vortex, comme une sorte de cylindre ou tuyau gigantesque. Ceci est l'image la plus approchante que nous puissions donner pour l'expliquer dans le monde physique, mais elle ne donne réellement pas une idée adéquate de son apparence, car lorsque la force descend dans le canal, elle ne fait en quelque sorte plus qu'un avec le vortex, en sort colorée par lui et portant les caractères distinctifs qui désignent le canal par lequel elle est venue.

Un tel canal ne peut être fait que si toute la pensée est fervente et harmonieuse. Je ne veux pas dire qu'il ne doit y avoir à la réunion aucune discussion, mais que toute discussion doit être invariablement du caractère le plus amical et dirigée avec les sentiments de la fraternité la plus complète. Nous ne devons jamais supposer qu'un homme est nécessairement faible de pensée et incompréhensif parce qu'il est différent de nous. Toute question a toujours deux côtés au moins, de sorte que celui qui n'agrée pas l'un envisage souvent simplement l'autre. S'il en est ainsi, nous pouvons glaner quelque chose de lui, comme il peut quelquefois glaner quelque chose de nous, et nous pouvons ainsi nous faire mutuellement du bien; mais si nous nous fâchons à une discussion, nous nous faisons l'un à l'autre du tort, et l'harmonie de l'onde-pensée est perdue. Une seule pensée de ce genre gâte souvent un effet magnifique. J'ai souvent vu le fait se produire — quelques personnes réunies travaillant tout à fait heureusement et élevant un beau canal; soudain, l'une d'elles dit quelque parole désobligeante ou personnelle, en un instant le canal se brise, et l'opportunité d'aider est perdue. Lorsque quelqu'un parle, ou lit un paragraphe, ou essaie de faire quelque chose d'utile, essayez pendant ce temps de l'aider, et ne pensez pas perpétuellement que vous réussiriez mieux que lui. Ne le critiquez pas, mais donnez-lui l'aide de votre pensée. Vous pourrez ensuite interroger sur tous les points qui ne sont pas clairs, mais à ce moment, n'envoyez pas de pensées d'hostilité ou de critique contre lui, parce que, en le faisant, vous pouvez vous interférer avec la suite de sa pensée, et gâter sa conférence. Faites une note mentale de tout point sur lequel vous désirez des renseignements, mais pour l'instant, tâchez de voir le bien que contiennent ses paroles, car de cette façon, vous fortifierez le conférencier.

Un clairvoyant voit le courant de pensée qui coule

du conférencier, et aussi les courants de compréhension et d'appréciation qui s'élèvent de l'auditoire et s'y joignent; mais la pensée de critique rencontre celui-ci avec un taux de vibration opposé, le brise et met tout en confusion. Celui qui voit agir cette influence est si forcément impressionné par ces remarques, qu'il est peu probable qu'il les oublie et agisse contrairement à elles. Les pensées d'aide des membres de l'auditoire tendent à rendre la présentation du conférencier plus claire, et à la graver en ceux à qui elle n'est pas familière. C'est pourquoi les membres doivent assister même aux conférences publiques sur les sujets les plus élémentaires, faites par leurs condisciples, afin de pouvoir, eux qui comprennent parfaitement, aider le conférencier en faisant des formes-pensées claires susceptibles de s'impressionner sur l'esprit du public qui essaie de comprendre.

Un homme occupé à l'étude ardente des choses supérieures est, à cet instant, entièrement élevé hors de lui-même, et il génère dans le monde mental une forme-pensée puissante qui est immédiatement utilisée comme canal par la force qui plane au niveau juste au-dessus. Lorsqu'un corps d'hommes fusionne dans une pensée de cette nature, le canal qu'il fait est d'une capacité incomparablement plus grande que ne serait la somme des canaux séparés de chacun d'eux; ce corps d'hommes est donc une bénédiction inestimable pour la communauté au milieu de laquelle il travaille, car à travers ces hommes, dans leurs réunions les plus ordinaires mêmes (quand ils envisagent, par exemple, des sujets tels que les rondes, les courses et les chaînes planétaires), il peut venir, dans le mental inférieur, un déversement de la force qui est normalement exclusive au mental supérieur; tandis que s'ils dirigent leur attention sur le côté supérieur de l'enseignement Théosophique et étudient des questions d'éthique et de développement d'âme telles que nous en trouvons dans *Aux pieds du Maître*, *la Lumière sur le Sentier*, *la Voix du Silence* et dans nos autres livres dévotionnels, ils peuvent arriver à faire un canal de pensée plus élevée, par lequel il peut se faire que la force du monde intuitif lui-même descende dans le mental, et rayonne ainsi une influence salutaire sur plus d'une âme qui n'aurait pas été ouverte le moins du monde à l'action de cette force si celle-ci était demeurée sur son niveau originel.

Fournir un canal pour la distribution de la Vie Divine est la fonction réelle et la plus importante d'une Loge Théosophique; et ceci nous montre une fois de plus combien l'invisible est plus important que le visible. Tout ce que peut voir là le faible œil physique est une petite bande d'humbles étudiants réunissant chaque semaine leurs fervents efforts pour apprendre et devenir utiles à leurs semblables; mais le clairvoyant perçoit les fleurs glorieuses qui jaillissent de cette racine minuscule, car de ce centre qui paraît insignifiant, il ne rayonne pas moins de quatre courants puissants : le courant des ondes-pensées, le groupe des formes-pensées, le magnétisme des Maîtres de la Sagesse, et le puissant torrent de l'Energie Divine.

Ceci aussi est un exemple de l'importance éminemment pratique d'un certain savoir sur le côté invisible de la vie. Faute d'un tel savoir, bien des membres ont été mous dans l'accomplissement de leur devoir, peu soucieux d'assister aux réunions de la Loge, et ont perdu ainsi le privilège inestimable de faire partie du canal de déversement de la Vie Divine. Ceux-là n'ont pas encore saisi le fait élémentaire qu'ils ne devinrent pas membres de la Société pour recevoir, mais pour donner, non pour être amusés et intéressés, mais pour prendre leur part d'un vaste travail relatif au bien de l'humanité.

CHAPITRE XXII

PAR NOS RAPPORTS AVEC LES ENFANTS

Envisagée d'après les bases Théosophiques, la question de nos rapports avec les enfants est une question pratique excessivement importante. Si nous comprenons pour quel but l'ego descend en incarnation, et si nous savons à quel point l'obtention du résultat dépend pour lui de l'éducation donnée à ses différents véhicules pendant leur enfance et leur croissance, il est impossible que nous ne sentions pas quelle responsabilité redoutable s'attache à tous ceux qui, d'une façon ou d'une autre, sont en rapport avec les enfants, que ce soient les parents, les aînés de la famille, ou les éducateurs. Il est bon qu'à ce sujet, nous voyions quels aperçus nous donne la Théosophie relativement à la façon dont nous pouvons le mieux nous acquitter de cette responsabilité.

Quel est actuellement l'état de nos rapports avec les enfants, avec les garçons tout au moins, ici même, au cœur de notre civilisation européenne? Le résultat pratique de dix-neuf siècles d'enseignement chrétien ostensible est que nos garçons vivent parmi nous comme une race étrangère qui a ses propres lois et ses règles de vie, totalement différentes des nôtres, son propre code de morale, totalement différent aussi de celui auquel nous nous soumettons nous-mêmes. Ils envisagent (dans la masse) les gens faits, avec une hostilité à peine voilée, ou dans les meilleurs cas, avec une sorte de neutralité armée, et toujours avec une méfiance profonde, comme des étrangers dont les motifs leur sont incompréhensibles, et dont les actions s'interfèrent, constamment, de la façon la plus illégitime et la plus maligne, avec leur droit de s'amuser à leur propre guise.

Cette déclaration peut sembler plutôt étonnante à ceux qui n'ont jamais envisagé la chose, mais un père qui a des fils à l'une quelconque de nos plus grandes écoles en appréciera la vérité; et s'il se souvient encore de son propre temps d'école et peut revivre par la pensée son état d'esprit et ses sentiments à cette période (si complètement oubliée par la plupart d'entre nous), il reconnaîtra peut-être avec un tressaillement de surprise, que ce n'est pas une description inexacte de ce qui fut alors sa propre attitude.

Chaque fois que ces lois et ces coutumes, parmi lesquelles nous vivons, diffèrent des nôtres, elles sont invariablement un retour à un type primitif et tendent à la sauvagerie — fait qu'on peut citer à l'appui de la théorie Théosophique d'après laquelle dans chaque incarnation, avant que l'ego ait acquis le contrôle de ses véhicules, les stades primaires de notre évolution sont rapidement parcourus une fois de plus. Le seul droit que reconnaissent les enfants est celui du plus fort; le garçon qui dirige leur petit Etat n'est pas le meilleur, ni le plus habile, mais celui qui se bat le mieux, et c'est habituellement le combat qui décide quel sera leur chef, comme c'est encore aujourd'hui la coutume chez plus d'une tribu sauvage.

Leur code de morale est distinctement le leur, et bien qu'il ne puisse être mis en parallèle avec les races primitives aussi directement que peuvent l'être quelques-unes de leurs autres coutumes, il est décidément d'un niveau inférieur même à celui du nôtre. Les enfants paraissent penser qu'oppresser et maltraiter les faibles, et même les torturer jusqu'à la limite extrême de l'endurance, est une forme comparativement innocente de récréation, et il faudrait un cas d'une rudesse rare pour soulever une manifestation, même passagère, de l'opinion publique contre l'offenseur. Le vol de l'argent est heureusement considéré comme méprisable; mais il n'en est pas ainsi du vol des confitures ou des fruits, ni considéré comme criminel le vol des choses comestibles. Le mensonge le plus outrageant est regardé non seulement comme une chose admissible, mais amusante, quand il abuse quelque trop crédule jeune garçon; s'il est commis en vue de cacher à un adulte les mauvaises actions d'un camarade, il est souvent regardé comme héroïque et noble. Mais le plus haïssable de tous les crimes, l'abus le plus bas de la turpitude, est d'appeler l'intervention d'un adulte pour régler un délit, fût-ce le plus flagrant; et plus d'un enfant faible et nerveux souffre des agonies à la fois morales et physiques, provenant de la barbarie de matamores, sans souffler un mot de ses souffrances soit à ses parents, soit à son maître — tellement est profonde la défiance avec laquelle l'opinion publique parmi les garçons, regarde la race hostile des adultes.

En dépit de la souffrance terrible que cela entraîne pour l'enfant faible et sensitif, je ne nie aucunement le bon côté de la vie à l'école publique, le courage et la confiance en soi qu'elle donne au garçon hardi et fort, et l'habitude de commander qu'elle donne aux élèves des classes supérieures. Je suppose que l'Angleterre est le seul pays du monde où le maintien de l'ordre, dans le petit monde de la vie d'école, puisse être (et soit) pratiquement laissé entre les mains des élèves eux-mêmes, et il y a en ce système beaucoup à recommander; mais je m'occupe pour l'instant, des rapports entre les garçons regardés comme classe, et les adultes regardés également comme classe, et l'on peut difficilement nier que, dans l'ensemble, ils sont quelque peu tendus, la méfiance dont j'ai parlé d'un côté rencontrant souvent de l'autre, l'antipathie et le manque total de compréhension.

Plus d'un homme (ou d'une femme) n'envisage les garçons que comme de jeunes êtres bruyants, sales, gourmands, dissimulés, égoïstes, et généralement répréhensibles; il ne se rend jamais compte qu'il peut y avoir une bonne part d'égoïsme dans son point de vue, et que si son opinion contient une part de vérité, la faute n'en est pas tant aux enfants eux-mêmes qu'à la façon déraisonnable dont ils ont été élevés; et il comprend moins encore qu'en tout cas, son devoir n'est pas d'agrandir le fossé entre eux et lui en adoptant l'inimitié et la méfiance, mais plutôt de tâcher d'améliorer la situation par une bienveillance judicieuse, cordiale, par une patiente amitié.

Sûrement des relations aussi peu satisfaisantes ont en elles-mêmes quelque chose de faux; sûrement on pourrait apporter quelque amélioration à cet état infortuné d'hostilité mutuelle et de défiance. Il y a d'honorables exceptions; il y a des élèves qui ont foi en leurs maîtres, et des maîtres qui ont foi en leurs élèves, et je n'ai jamais éprouvé moi-même aucune difficulté à gagner la confiance des enfants en les traitant comme il convient, mais dans un nombre malheureusement grand de circonstances, le cas est tel que je l'ai décrit.

Et il n'est aucunement nécessaire qu'il en soit ainsi, le fait est démontré non seulement par les exceptions mentionnées plus haut, mais par l'état de choses qui existe en quelques pays orientaux. Je n'ai pas encore eu le plaisir de visiter l'empire du Japon, mais je sais par ceux qui y sont allés et qui ont étudié quelque peu cette question qu'en aucun pays au monde les enfants ne sont si bien ni si judicieusement traités, où leurs rapports avec les adultes sont si complètement satisfaisants. La dureté, est-il dit, est absolument inconnue, et malgré cela les enfants n'abusent en aucune façon de la douceur des personnes âgées. D'ailleurs, aucun enfant traité convenablement n'en abuserait en quelque pays que ce soit. S'il le faisait, ce serait une claire indication que l'adulte n'a pas réussi dans sa tâche d'éducateur. Toute dureté dans la façon de traiter les enfants est un reste de sauvagerie; il se peut que, quand nous étions au niveau de l'âge de pierre, nous n'ayons pas su mieux; mais en ces jours actuels, supposés éclairés, c'est simplement criminel. Infliger intentionnellement une souffrance à une créature vivante est une des fautes les plus graves, et le Karma qui s'ensuit est du caractère le plus épouvantable. Il n'y a à cela aucune excuse, pas même celle de l'avoir fait dans l'intention de produire un bon résultat; en ce cas comme en tous autres, il ne peut jamais être juste de faire du mal pour obtenir du bien. Et ceci tout à fait en dehors du fait que le bien ne vient jamais. Les maux les plus horribles résultent seuls de la commune illusion à ce sujet.

La chose en elle-même est une abomination qui crie vengeance au ciel, tout comme les affreux et perpétuels massacres d'animaux qui sont faits pour que les hommes se dégradent en introduisant dans leur corps une sorte de nourriture particulièrement impropre et condamnable. Dans ces deux cas — mauvais traitements infligés aux enfants et meurtre des animaux — nous nous trouvons, en Angleterre, dans des conditions de barbarie absolue; et les hommes de l'avenir regardant en arrière, ne pourront comprendre comment des pratiques aussi horribles pouvaient coexister avec la connaissance de la philosophie, de l'éthique et de la religion que nous possédons. Nos yeux sont fermés à la méchanceté de ces choses par la magie de la coutume, mais quiconque étudie le côté caché des choses s'aperçoit bientôt que la coutume est un guide auquel on ne doit pas se fier, et qu'il faut envisager les faits de la nature tels qu'ils sont et non tels que les gens ignorants les supposent être.

Cette cruauté presque universelle à l'égard des enfants est la raison du manque de confiance entre eux et les adultes; si nous les traitons comme des sauvages, nous faisons de notre mieux pour les inciter à agir en sauvages. Le père, ou l'éducateur incompétent, prétend qu'il chagrine intentionnellement un enfant en vue de corriger ses fautes; s'il savait, si peu que ce soit, des faits réels de la vie, il n'ignorerait pas qu'une injure telle a un effet bien pire que la faute qu'il s'imagine essayer de corriger. Sa méthode est si complètement irrationnelle qu'elle revêt, pour l'occultiste, l'apparence d'un cauchemar, et cela surtout quand nous pensons à la vaste somme de haine, d'hostilité et de compréhension erronée dont elle est cause.

Mais, que proposez-vous, demandera-t-on, pour améliorer cet état de défiance et d'incompréhension mutuelle. Evidemment, dans les cas où ce fossé existe déjà, il ne peut être comblé que par une bienveillance inlassable, par de graduels, patients, mais constants efforts, pour amener une meilleure compréhension en faisant preuve sans relâche d'une affection et d'une sympathie désintéressées; autrement dit, en nous mettant constamment à la place de l'enfant, et en essayant de comprendre exactement comment toutes ces choses lui apparaissent. Si nous, adultes, n'avions pas aussi entièrement oublié les jours de notre propre enfance, nous ferions plus grand crédit aux enfants d'aujourd'hui, nous les comprendrions, et nous agirions beaucoup mieux vis-à-vis d'eux.

Ceci est cependant un des cas où le vieux proverbe est le plus spécialement vrai, disant que « prévenir vaut mieux que guérir ». Si seulement nous voulons, dès le début, nous donner la peine de commencer dans la bonne voie avec nos enfants, nous éviterons aisément l'état de choses indésirable que nous avons décrit. C'est exactement dans cet ordre d'idées que la Théosophie offre plus d'un utile aperçu à ceux qui ont le désir ardent de bien faire leur devoir envers les jeunes qui leur sont confiés.

LE DEVOIR DES PARENTS

La nature absolue de ce devoir des parents et des maîtres à l'égard des enfants doit, en premier lieu, être reconnue. Aussi légèrement et inconsidérément qu'elle soit souvent entreprise, je n'insisterai jamais avec assez de force sur le fait que la paternité est une responsabilité excessivement lourde, et d'un caractère religieux. Ceux qui mettent un enfant sur terre se rendent directement responsables à la loi du Karma au sujet des opportunités d'évolution qu'ils ont le devoir de donner à cet égo, et en vérité, leur punition sera lourde si, par leur insouciance ou leur égoïsme, ils mettent des obstacles sur son sentier ou ne lui donnent pas toute l'aide et toute la direction qu'il est en droit d'attendre d'eux. Pourtant trop souvent, les parents modernes ignorent cette responsabilité évidente; trop souvent, un enfant n'est pour eux qu'une cause de sotte vanité, ou l'objet d'une indifférente négligence!

Si nous voulons comprendre notre devoir envers l'enfant, nous devons d'abord considérer comment il vint à être ce qu'il est; nous devons le suivre, en remontant par la pensée à sa précédente incarnation. Quelles qu'aient pu être les circonstances à ce moment-là, il avait, de son propre, une disposition définie, un caractère fait de qualités bonnes et mauvaises, plus ou moins développées. Quand le temps fut révolu, cette vie se termina; mais que sa fin soit venue lentement par la maladie ou la vieillesse, ou rapidement, par accident ou violence, elle n'apporta aucun changement soudain d'aucune sorte dans son caractère. Une curieuse illusion semble souvent prévaloir, que le pur fait de la mort transforme à l'instant même un démon en saint — que, quelle qu'ait pu être sa vie, un homme au moment où il meurt, devient pratiquement un ange de bonté. Aucune idée ne peut être plus loin de la vérité; ceux dont le travail est d'aider les disparus le savent parfaitement bien. Le fait de se débarrasser de son corps physique n'altère pas plus le caractère d'un homme que celui de se débarrasser de son pardessus; il est, le jour d'après sa mort, précisément le même que le jour d'avant, il a les mêmes vices et les mêmes vertus.

Il est vrai que depuis la mort, fonctionnant seulement dans le monde astral, il n'a pas les mêmes occasions de les manifester; mais que ceux-ci se manifestent d'une façon différente dans la vie astrale, ils n'en sont pas moins encore là, et c'est précisément d'eux que résultent les conditions et la durée de cette nouvelle vie. Il doit rester dans ce monde jusqu'à ce que l'énergie répandue au cours de sa vie physique par les émotions et les désirs inférieurs, se soit usée — jusqu'à ce que le corps astral qu'il s'est lui-même construit se désagrège; seulement alors, il peut le quitter pour le royaume supérieur et plus paisible du monde du ciel. Mais quoique ces passions particulières soient, pour le moment, usées et n'aient plus rien à faire avec lui, leurs germes sont encore là, qui leur rendent possible l'existence dans sa nature. Ils sont latents et ineffectifs, c'est certain, parce que des désirs de ce type ont besoin de la matière astrale pour se manifester; ils sont ce que Mme Blavatsky nomma un jour des « privations de matière », mais ils sont tout prêts à revenir à une activité nouvelle, s'ils sont stimulés, lorsque l'homme se retrouve placé dans des conditions où ils peuvent agir.

La comparaison suivante, si elle n'est pas poussée trop loin, aidera peut-être à saisir cette idée. Supposons que l'on puisse faire sonner sans arrêt, dans un vase étanche, une petite cloche, et que l'on retire graduellement l'air du vase, le son deviendra de plus en plus faible, jusqu'à ne plus être audible. Cependant, la cloche ne cesse pas de sonner, aussi vigoureusement que jamais, seulement sa vibration ne se manifeste plus à nos oreilles parce que le milieu grâce auquel il pouvait les impressionner est absent. Admettez de nouveau l'air dans le vase, et vous percevrez le son de la cloche comme auparavant.

De même il y a dans la nature de l'homme, certaines qualités qui, pour se manifester, ont besoin de la matière astrale, tout comme le son requiert soit l'air, soit quelque matière dense pour véhicule; et quand, dans le processus de son retrait en lui-même, après ce que nous nommons la mort, il quitte le monde astral pour le monde mental, ces qualités ne trouvant plus d'expression doivent, par force, demeurer latentes. Mais quand, des siècles après, dans sa descente en réincarnation, il entre à nouveau dans le royaume astral, ces qualités restées si longtemps latentes se manifestent une fois de plus, et deviennent les tendances de la personnalité suivante.

Ainsi, il y a des qualités de l'esprit qui, pour s'exprimer, ont besoin de la matière des niveaux mentals inférieurs; et quand après son long repos dans le monde du ciel, la conscience de l'homme rentre dans le véritable ego sur les niveaux mentals supérieurs, ces qualités aussi passent à l'état latent. Mais quand l'ego est sur le point de se réincarner, il lui faut inverser ce processus de retrait — descendre à travers les mondes par lesquels il s'éleva dans son ascension en quittant la terre. Quand vient le temps de son émigration, il descend d'abord sur les niveaux inférieurs de son propre monde, où il s'efforce de s'exprimer, autant que peut le lui permettre cette matière moins parfaite et moins plastique. Pour pouvoir s'exprimer là et y fonctionner, il lui faut se revêtir de la matière même de ce monde.

Ainsi, l'ego assemble autour de lui la matière des niveaux mentals inférieurs, matière qui deviendra ensuite son corps mental. Mais cette matière n'est pas choisie au hasard; de toutes les réserves variées et inépuisables qui l'environnent, il attire à lui telle combinaison qui est parfaitement propre à donner expression à ses qualités mentales latentes. De la même façon, exactement, lorsqu'il fait la descente suivante, au monde astral, la matière de ce monde, que par loi naturelle, il attire à lui pour lui servir de véhicule, est précisément celle qui donnera expression aux désirs qu'il avait à la conclusion de sa dernière vie astrale. En fait, il résume sa vie dans chaque monde, juste où il la laissa la dernière fois.

Les qualités ne sont, jusqu'à présent, en aucune façon en action; elles sont simplement des germes de qualités, et pour l'instant leur seule influence est de s'assurer un champ possible de manifestation, en accumulant la matière convenable qui leur permettra de s'exprimer, dans les différents véhicules de l'enfant. Qu'elles se développent une fois de plus dans cette vie, dans les mêmes tendances définies que dans la vie dernière, dépendra beaucoup de l'encouragement ou de ce que leur donnera d'autre façon l'ambiance de l'enfant pendant ses jeunes années.

Chacune d'elles, bonne ou mauvaise, est prête à entrer en activité par encouragement, ou d'un autre côté à être étouffée, faute de cet encouragement. Stimulée, elle devient cette fois, dans la vie de l'homme, un facteur plus puissant que dans l'existence précédente; négligée, elle demeure un germe infécondé, qui finit par s'atrophier et mourir, et n'apparaîtra plus dans les incarnations qui succéderont.

Ceci donc, est l'état de l'enfant à sa naissance, quand il est confié aux soins de ses parents. On ne peut dire qu'il ait jusque-là une mentalité ou un corps astral définis, mais il a autour de lui, et en lui-même, la matière de laquelle ceux-ci seront faits.

Il possède des tendances de toutes sortes, les unes bonnes, les autres mauvaises, et c'est en accord avec le développement de ces tendances que se construiront les corps mental et astral. Ce développement à son tour dépend presque entièrement des influences extérieures qui pèseront sur l'enfant pendant les premières années de son existence. Pendant ces années-là, l'ego n'a encore que peu de contrôle sur ses véhicules, et il se tourne vers les parents pour l'aider à affermir ce contrôle, et lui fournir des conditions appropriées, d'où leur responsabilité.

LA PLASTICITÉ DE L'ENFANCE

On ne saurait exagérer la plasticité de ces véhicules, informes encore. Nous savons que le corps physique d'un enfant, pourvu que son entraînement soit commencé à un âge encore tendre, peut être modifié à un point considérable. Un acrobate, par exemple, prendra un garçon de cinq ou six ans, dont les os et les muscles ne sont pas encore durcis ni fermement fixés comme le sont les nôtres, et accoutumera graduellement ses membres et son corps à prendre sur-le-champ et avec aisance toutes sortes de positions qui seraient, pour la plupart d'entre nous, absolument impossibles maintenant, même en nous soumettant à l'entraînement. Pourtant nos propres corps au même âge ne différaient en aucune façon essentielle de celui de ce garçon et s'ils avaient été soumis aux mêmes exercices, ils seraient devenus aussi souples et aussi élastiques que le sien.

Si le corps physique d'un enfant est ainsi plastique et promptement impressionnable, son corps astral et son corps mental le sont encore bien davantage. Ils vibrent en réponse à toute vibration qu'ils rencontrent et sont ardemment réceptifs à toutes les influences, soit bonnes, soit mauvaises, qui émanent des gens dont ils sont entourés. Ils ressemblent aussi au corps physique par cette autre caractéristique — que, quoique si susceptibles et plastiques dans leur prime jeunesse, ils se fixent et se raidissent bientôt et contractent des habitudes définies qui, une fois fermement établies, ne peuvent être modifiées qu'avec la plus grande difficulté.

Si nous comprenons ce fait, nous voyons immédiatement quel rôle important joue l'entourage au milieu duquel l'enfant passe ses premières années, et la lourde responsabilité qui pèse sur les parents de veiller à ce que les conditions de développement de l'enfant soient aussi bonnes que possible. La petite créature est entre nos mains comme une glaise que nous pouvons mouler presque comme nous voulons; de minute en minute, les germes des qualités bonnes ou mauvaises rapportés de la précédente naissance s'éveillent en activité, et construisent ces véhicules qui détermineront la condition de son après-vie; et le devoir repose sur nous d'éveiller les bons germes et d'étouffer les mauvais. L'avenir des enfants est sous le contrôle des parents, à un point bien plus étendu que ne le comprennent les parents, même les plus aimants. Pensez à tous les amis que vous connaissez le mieux et essayez d'imaginer quels splendides spécimens de l'humanité ils seraient si toutes leurs bonnes qualités étaient très intensifiées, et si tous les traits les moins estimables de leur caractère étaient arrachés.

Ceci est le résultat que vous avez le pouvoir de produire en votre enfant, si vous faites pleinement votre devoir vis-à-vis de lui; vous pouvez en faire un de ces spécimens de l'humanité, si vous voulez seulement en prendre la peine.

L'INFLUENCE DES PARENTS

Mais comment cela, direz-vous? Par des préceptes? Par l'éducation? Oui, certes, on peut faire beaucoup de cette façon quand le temps est venu; mais un autre pouvoir beaucoup plus grand est entre vos mains, un pouvoir qu'il vous est possible d'essayer dès le moment même de la naissance de l'enfant, et même avant : c'est le pouvoir de l'influence de votre propre vie.

Ceci est reconnu jusqu'à un certain point, car les gens les plus civilisés sont attentifs à leurs mots et à leurs actes en présence d'un enfant, et ce serait un père ou une mère d'une dépravation peu commune qui permettrait que ses enfants l'entendent faire usage d'un langage violent, ou de le voir s'abandonner à un accès de passion; mais ce qu'un homme ne comprend pas, c'est que s'il désire éviter de faire à ses petits le mal le plus sérieux, il doit apprendre à contrôler non seulement ses mots et ses actes, mais aussi ses pensées. Il est vrai que vous ne pouvez pas voir immédiatement le pernicieux effet de vos mauvaises pensées ou de vos mauvais désirs sur l'esprit de votre enfant, mais cet effet n'est pas le moindre, et il est plus réel et plus terrible, plus insidieux et plus étendu que le mal qui est évident au regard physique.

Si un père (ou une mère) se permet d'entretenir des sentiments de colère ou de jalousie, d'envie ou d'avarice, d'égoïsme ou d'orgueil, quand bien même il ne leur donnerait jamais aucune expression extérieure, il crée en son propre corps astral des ondes d'émotion qui, assurément, agissent sans relâche sur le malléable corps astral de son enfant, accordent ses ondulations à la même clef, éveillent à l'activité tout germe de ces fautes qu'il a pu rapporter de son ancienne vie, et installent en lui le même groupe de mauvaises habitudes qui, une fois définitivement contractées, seront excessivement difficiles à corriger. Et c'est tout à fait ce qui a lieu dans le cas de la plupart des enfants que nous voyons autour de nous.

L'AURA D'UN ENFANT

Le corps subtil d'un enfant, tel qu'il se présente à un clairvoyant, est souvent une des plus belles choses qui soient, pur et brillant dans sa couleur, net jusqu'à présent des taches de la sensualité, de l'avarice et des sombres nuages de la mauvaise volonté et de l'égoïsme qui obscurcissent si souvent toute la vie de l'adulte. Tous les germes et toutes les tendances bonnes et mauvaises dont nous avons parlé y sont visibles; et ainsi sont étalées aux yeux de l'observateur toutes les possibilités de l'avenir de l'enfant.

Mais qu'il est triste de voir le changement qui, presque toujours, se produit à mesure que les années passent sur cette admirable aura de l'enfant, de noter combien les mauvaises tendances sont encouragées, fortifiées avec persistance par son entourage, et combien totalement les bonnes sont négligées! Ainsi les incarnations l'une après l'autre sont presque perdues, et une vie qui, avec un peu plus de soin et de retenue de la part des parents et des éducateurs, aurait pu porter de riches fruits de développement spirituel, n'aboutit pratiquement à rien, et ne laisse à sa fin presque aucune moisson qui puisse être amassée en l'ego duquel elle a été une si partielle expression.

LA NÉGLIGENCE DES PARENTS

Si l'on observe la négligence criminelle avec laquelle ceux qui sont responsables de l'éducation des enfants abandonnent ceux-ci à l'ambiance de toutes sortes de pensées terrestres et mauvaises, on cesse de s'étonner de l'extraordinaire lenteur de l'évolution humaine, des progrès presque imperceptibles qui sont tout ce que l'ego peut présenter comme fruit de toute une succession de vies passées dans le labeur et la lutte de ce monde inférieur. Pourtant, avec si peu de peine on pourrait amener un si vaste progrès!

Point n'est besoin de la vue astrale pour voir quel changement se produirait sur ce vieux monde fatigué, si la majorité ou même quelque large proportion de la génération suivante était soumise au processus suggéré plus haut; si toutes les mauvaises qualités étaient réprimées fermement, et atrophiées faute d'aliment, tandis que tout ce qu'il y a de bon serait cultivé assidûment et développé à la limite extrême. Il suffit de penser à ce que tous ces gens feraient à leur tour pour leurs enfants pour comprendre qu'en deux ou trois générations toutes les conditions de la vie seraient différentes, et qu'un véritable âge d'or aurait commencé. Pour le monde en général, cet âge est peut-être encore distant, mais nous qui sommes membres de la Société Théosophique, devons sûrement faire de notre mieux pour hâter son avènement; et bien que l'influence de notre exemple ne puisse s'étendre loin, nous pouvons du moins veiller à ce que nos propres enfants aient, pour leur développement, tous les avantages possibles. On doit donc attacher la plus grande importance à l'entourage des enfants, et les gens qui veulent persister dans leurs pensées grossières et malveillantes devraient, tout au moins, apprendre que tant qu'ils font ainsi, ils ne sont pas faits pour s'approcher des jeunes, de peur qu'ils n'infectent ceux-ci d'une contagion plus virulente que la fièvre.

Beaucoup de soin, par exemple, doit être apporté dans le choix des nourrices à qui l'on est parfois obligé de confier les enfants; bien qu'il soit évident que moins ils seront laissés aux mains des servantes, mieux cela vaudra. Souvent, les nourrices se prennent pour leurs pupilles de l'affection la plus forte, et les traitent tout comme s'ils étaient leur propre chair; mais il n'en est pas invariablement ainsi, et même si c'était, les servantes sont inévitablement moins éduquées et moins raffinées que leurs maîtresses. Un enfant trop laissé à leur fréquentation est, de ce fait, constamment soumis à une empreinte de pensée qui est vraisemblablement d'un ordre moins élevé que le niveau, même moyen de celle de ses parents. C'est pourquoi la mère qui désire que son fils devienne un homme d'esprit raffiné et délicat, ne doit le confier que le moins possible aux soins des autres, et doit, par-dessus tout, avoir une grande vigilance sur ses propres pensées pendant qu'elle le surveille. Sa grande règle devrait être de ne jamais donner asile à aucune pensée, ni à aucun désir qu'elle ne voudrait pas voir reproduits en son fils. Non pas que cette conquête sur elle-même, purement négative, soit suffisante, car tout ce qui a été dit sur l'influence et le pouvoir de la pensée est heureusement vrai des bonnes pensées autant que des mauvaises, de sorte que le devoir des parents a un côté positif aussi bien qu'un côté négatif. Non seulement ils doivent s'abstenir de nourrir par leurs pensées indignes ou égoïstes, les tendances mauvaises qui peuvent exister en leur enfant, mais ils doivent aussi cultiver en eux-mêmes une affection forte et désintéressée, des pensées pures, des aspirations élevées et nobles, afin que tout cela réagisse sur leur pupille, activant en lui le bien qui déjà y est latent, et créant une tendance vers toute bonne qualité qui, jusqu'à présent, n'est pas représentée dans son caractère.

Ils ne doivent pas craindre qu'un semblable effort de leur part manque son but, parce qu'ils sont incapables de suivre son action, faute de posséder la vision astrale. La transaction tout entière est évidente à un clairvoyant; il distingue les ondes émises dans le corps mental des parents par la conception de la pensée, il les voit rayonner, et note les ondes sympathiques que crée leur choc sur le corps mental de l'enfant : et s'il renouvelle ses observations par intervalles, pendant un certain temps, il discerne le changement graduel mais permanent que produit dans ce corps mental la répétition constante du même stimulant à la progression. Si les parents possèdent eux-mêmes la vue astrale, cela leur sera sans aucun doute une aide puissante, en ce qu'elle leur permettra de voir exactement quelles sont les capacités de leur enfant, et dans quelles directions il a le plus besoin de développement; mais s'ils n'ont pas encore cet avantage, il n'y a pas, pour cela, le doute le plus léger sur le résultat, car il doit, avec une certitude mathématique, suivre l'effort soutenu, que le processus de son travail leur soit visible ou non.

Quel que soit le soin avec lequel les parents entourent l'enfant, il est impossible (s'il vit dans le monde), qu'il ne rencontre pas un jour des influences qui stimuleront en lui les germes du mal. Quels germes sont stimulés les premiers? Ceci fait toute la différence. Habituellement le mal est complètement éveillé à l'activité avant que l'ego ait aucun contrôle sur ses véhicules, aussi, quand il prend ce contrôle, il se trouve avoir à combattre une forte prédisposition à des perversions variées. Quand les germes du bien sont soulevés tardivement, ils ont à lutter pour s'affirmer, contre une série d'ondes-pensées discordantes déjà fermement établies; et souvent ils ne réussissent pas. Si cependant, par une attention excessive avant la naissance de l'enfant, et pendant plusieurs années après les parents sont assez heureux pour pouvoir exciter seulement les ondes du bien, l'ego quand il arrive à prendre le contrôle de ses véhicules ne trouve aucune difficulté à s'exprimer dans ce sens, et une habitude déterminée s'établit dans cette direction.

Alors, quand vient l'excitation mauvaise, car elle vient sûrement un jour ou l'autre, elle se trouve devant une forte impulsion dans la direction du bien, qu'elle essaie en vain de déborder.

La maîtrise de l'ego sur ses véhicules inférieurs est souvent faible, à moins qu'il ne soit exceptionnellement avancé; mais sa volonté est toujours pour le bien, parce que son désir relativement à ces véhicules est qu'ils soient les instruments de son développement, de sorte que tel pouvoir qu'il est capable de jeter dans la balance est toujours du bon côté. Mais étant donné son contrôle quelque peu incertain, à ce moment, sur ses corps astral et mental, il est souvent incapable de dominer une forte tendance au mal si elle est déjà établie. Si, pourtant, il trouve la forte tendance établie du côté opposé, cela l'aide à tenir plus effectivement ses véhicules; et lorsqu'il a fait cela, quand plus tard vient la mauvaise suggestion, elle ne peut que difficilement réussir à être admise.

Dans l'un des cas, il y a dans la personnalité un goût pour le mal, une disposition à le recevoir et à s'y complaire; dans l'autre, il y a pour celui-ci un fort dégoût naturel qui facilite le travail de l'ego.

Le père (ou la mère) doit surveiller non seulement ses pensées, mais aussi son humeur. Un enfant est prompt à remarquer et à mal prendre l'injustice; s'il se trouve une fois grondé pour une action qui en une autre occasion ne causa qu'amusement, quel miracle y a-t-il à ce que son sens de l'invariabilité des lois de la nature soit outragé? De même, quand l'ennui ou le chagrin arrivent aux parents, comme c'est quelquefois inévitable en ce monde, leur devoir est d'essayer que le fardeau de tristesse ne pèse pas sur leurs enfants comme sur eux-mêmes; de faire, du moins en leur présence, un effort spécial pour être résignés et joyeux, de peur que la lourde et triste teinte de dépression ne s'étende de leur corps astral à celui des enfants.

Plus d'un père (ou mère) bien intentionné est d'une nature anxieuse, tourmentée, s'agite pour des riens, s'énerve et énerve ses enfants pour des choses qui sont en réalité sans importance. S'il pouvait seulement observer, comme le peut un clairvoyant, la suprême fatigue, l'inquiétude qu'il produit ainsi sur ses propres corps supérieurs, s'il pouvait voir plus loin encore l'agitation et l'irritation inutiles que ces ondes troublées introduisent dans les susceptibles véhicules de ses enfants, il ne serait plus surpris de leurs éclats occasionnels de pétulance ou d'excitabilité nerveuse, et comprendrait qu'en de tels cas, il est souvent beaucoup plus à blâmer qu'eux. Ce qu'il devrait contempler et placer devant lui comme objectif, c'est un esprit calme — la paix qui dépasse toute compréhension — le calme parfait donné par la confiance qu'enfin tout sera bien.

Il doit par-dessus tout lutter pour devenir une incarnation de l'Amour Divin pour le réaliser pleinement dans sa propre vie afin d'en pouvoir inonder la vie de son enfant. Il faut que celui-ci vive dans une atmosphère d'affection; il ne devrait jamais rencontrer de vibration discordante, et même ne jamais savoir en ses jeunes années qu'il y a dans le monde autre chose que l'amour. Et quand le temps viendra, puisque malheureusement il doit venir, où il s'apercevra que dans le monde extérieur l'amour souvent fait tristement défaut, qu'il sente davantage encore que sa maison ne le décevra jamais; que là, du moins, il pourra toujours compter sur l'amour le plus grand, sur la pleine compréhension.

Evidemment, l'éducation du caractère des parents, nécessitée par ces considérations, est à tous égards une éducation splendide, et en aidant ainsi à l'évolution de leurs enfants ils bénéficient eux-mêmes à un point incalculable, car les pensées qui ont tout d'abord été appelées par un effort conscient à l'intention de l'enfant, deviennent bientôt naturelles, habituelles, et formeront, en temps voulu, l'arrière-plan de la vie entière des parents.

Il ne faut pas croire que ces précautions peuvent être relâchées quand l'enfant devient un peu plus âgé, car si cette sensibilité extraordinaire à l'influence des parents commence aussitôt que l'ego descend dans l'embryon, bien avant la naissance, elle continue dans la plupart des cas jusqu'à la période de la maturité environ.

Si des influences analogues à celles qui sont suggérées plus haut ont été amenées à peser sur lui durant l'enfance et la jeunesse, le jeune corps de douze ou quatorze ans sera beaucoup mieux équipé pour les efforts qui l'attendent, que ses compagnons moins heureux qui n'auront été l'objet d'aucune attention spéciale. Mais il est encore beaucoup plus impressionnable qu'un adulte; il a encore besoin d'être environné de cette mer illimitée d'amour certain; il faut encore continuer sur le niveau mental l'aide et la direction, afin que les bonnes habitudes de pensée et d'action ne cèdent pas devant les tentations nouvelles qui vraisemblablement l'assailleront.

Bien que ce soit de ses parents surtout qu'il ait eu à attendre semblable assistance pendant ses premières années, tout ce qui a été dit des devoirs de ceux-ci s'applique également à quiconque s'occupe des enfants sous quelque rapport que ce soit, et plus spécialement à ceux qui assument les responsabilités effroyables d'éducateurs. Cette influence d'un maître sur ses élèves, en bien ou en mal, est de celles qu'on ne peut mesurer immédiatement, et (comme il fut dit plus haut) elle dépend non seulement de ce qu'il dit ou de ce qu'il fait, mais plus encore de ce qu'il pense. Plus d'un maître réprouve maintes et maintes fois en ses élèves l'exhibition de tendances de la création desquelles il est lui-même directement responsable; si sa pensée est égoïste ou impure, il verra se refléter autour de lui l'égoïsme ou l'impureté, et le mal que cause une telle pensée ne s'arrête même pas à ceux qu'elle affecte immédiatement.

Les jeunes esprits sur lesquels elle se reflète s'en emparent, la magnifient et la fortifient, ainsi elle réagit sur d'autres à leur tour et devient une tradition mauvaise qui se transmet d'une génération d'élèves à l'autre et imprime son caractère particulier sur telle classe ou sur telle école. Heureusement, une bonne tradition peut s'établir presque aussi aisément qu'une mauvaise — pas tout à fait aussi aisément parce qu'il y a toujours à compter avec des influences externes indésirables — mais malgré tout, un professeur qui comprend ses responsabilités et dirige son école d'après les principes qui ont été suggérés s'apercevra bientôt que son empire sur lui-même et son dévouement personnel n'ont pas été infructueux.

LA NÉCESSITÉ DE L'AFFECTION

Il n'y a pour les parents ou les maîtres qu'une seule façon d'obtenir réellement une influence effective sur un enfant, et de développer tout ce qu'il y a de bon en lui, c'est de l'enfermer dans le feu pur d'une chaude, constante, personnelle affection qui leur gagne en retour son affection et sa confiance. Le merveilleux livre d'Alcyone : *Le Service dans l'Education* — livre que tout parent et professeur devrait lire pour le doux esprit qu'il respire et les aperçus pleins de valeur qu'il contient — insiste sur cette qualification bien plus que sur aucune autre.

Il est vrai qu'il est possible d'extorquer l'obéissance et de maintenir la discipline en inspirant la crainte, mais les règles imposées par cette méthode ne sont gardées que tant que celui qui les impose (ou son représentant) est présent; elles sont invariablement brisées quand il n'y a aucune crainte de dénonciation; l'enfant les observe parce qu'il est obligé, et non parce qu'il a le désir d'agir ainsi; et en même temps l'effet sur son caractère est désastreux.

Si, au contraire, on a fait appel à son affection, sa volonté se range à l'instant du côté de la règle; il désire la garder parce qu'il sait qu'en la brisant il causerait un chagrin à quelqu'un qu'il aime; et si son sentiment est assez fort, il suffira pour l'élever au-dessus de toute tentation, et la règle le tiendra, peu importe qui puisse être présent ou absent. Ainsi le but est atteint, non seulement beaucoup plus parfaitement, mais aussi beaucoup plus facilement et plus agréablement, tant pour le maître que pour l'élève; et tout le côté le meilleur de la nature de l'enfant est appelé en activité au lieu du côté le pire. Au lieu d'exciter la volonté de l'enfant en une opposition maussade et persistante, le professeur la dispose de son propre côté dans la lutte contre les distractions ou les tentations; le danger de la tromperie et de la secrétivité est écarté, et l'on obtient ainsi des résultats dont on n'approcherait jamais en suivant l'autre système.

Il est suprêmement important de toujours essayer de comprendre l'enfant, et de faire en sorte qu'il se sente certain d'avoir l'amitié et la sympathie. Il faut éviter avec soin toute apparence de dureté, et lui expliquer la raison de toutes les instructions qui lui sont données. Il faut, à la vérité, lui rendre évident que parfois des circonstances soudaines surgissent où la personne plus âgée n'a pas le temps d'expliquer ses instructions, et il comprendra que dans un cas semblable il doit obéir, même s'il ne saisit pas le motif; mais alors même on devra toujours lui donner l'explication après.

Certains parents (ou maîtres) peu avisés commettent souvent la faute d'exiger d'une façon habituelle, l'obéissance sans comprendre, c'est une exigence des moins raisonnables; vraiment, ils attendent de l'enfant une patience et une sainteté angéliques qu'ils sont loin de posséder eux-mêmes. Ils ne se sont pas encore rendu compte que la rudesse envers un enfant est non seulement méchante, mais absolument déraisonnable puisqu'elle ne peut pas être la meilleure façon d'obtenir de lui ce qu'on désire. Les fautes d'un enfant sont souvent le résultat direct de la façon anormale dont on le traite. Sensible et nerveux à un certain degré, il se trouve sans cesse incompris et grondé ou maltraité pour des méfaits dont il ne comprend pas le moins du monde la turpitude; est-il étonnant que, quand toute l'atmosphère autour de lui sue la tromperie et le mensonge de ses aînés, ses craintes quelquefois l'entraînent à la fausseté aussi? En pareil cas, le Karma de la faute tombera plus lourdement sur ceux qui par leur dureté criminelle ont placé un être faible et non encore développé dans une situation où il lui était presque impossible de l'éviter.

Si nous demandons à nos enfants la loyauté, nous devons tout d'abord la pratiquer nous-mêmes; il nous faut penser vrai aussi bien que parler vrai et agir vrai, avant de pouvoir espérer être assez forts pour les sauver de l'océan de mensonges et de déceptions qui nous environne de toutes parts. Mais si nous les traitons comme des êtres raisonnables — si nous leur expliquons bien et patiemment ce que nous attendons d'eux, si nous leur montrons qu'ils n'ont rien à craindre de nous parce que « l'amour parfait chasse la peur » — nous n'aurons aucune difficulté au sujet de la sincérité.

Une illusion curieuse mais non pas rare — relique peut-être des jours terribles où pour ses péchés ce malheureux pays d'Angleterre gémissait sous la tyrannie lugubre du puritanisme — est que les enfants ne peuvent être bons s'ils ne sont malheureux, qu'il faut toujours contrecarrer leurs desseins, et ne jamais en aucun cas les laisser agir à leur propre guise parce que quand ils s'amusent ils sont nécessairement en état de méchanceté désespérée. Aussi absurde et atroce que soit cette doctrine, il en existe bien des variantes qui prévalent encore largement, et qui sont causes de toute la cruauté et de toute la misère inutiles infligées à de petites créatures dont le seul crime est d'être naturelles et heureuses. Sans aucun doute, l'intention de la nature est que le temps de l'enfance soit un temps heureux, et nous ne devons épargner aucun effort pour le rendre tel, car à cet égard comme à tous autres, si nous contrarions la nature c'est à notre péril. Il y a un hymne qui nous dit :

« Dieu voudrait que nous soyons heureux, heureux tout le jour », et en ce cas comme en tous les autres, notre devoir et notre privilège sont d'être Ses collaborateurs.

Cela nous aidera beaucoup dans nos façons d'agir avec les enfants, de nous souvenir qu'ils sont eux aussi des egos, que leur faible et petit corps physique n'est que l'accident du moment, et qu'en réalité nous sommes tous à peu près du même âge; de sorte que nous leur devons le respect aussi bien que l'affection, et qu'il ne faut pas espérer imposer notre volonté ou notre individualité sur les leurs. Notre affaire, en les éduquant est de développer seulement dans leurs véhicules inférieurs ce qui coopérera avec l'ego, ce qui en fera les canaux les meilleurs pour son travail.

Il y a bien longtemps, à l'âge d'or de la vieille civilisation Atlante, on reconnaissait si bien l'importance de l'office de professeur, que personne n'était admis à le remplir qu'un clairvoyant exercé, qui pouvait voir toutes les qualités latentes et les capacités de ses pupilles, et était ainsi à même de travailler intelligemment avec chacun, de développer ce qui était bon en lui et d'améliorer ce qui était mauvais.

Dans l'avenir lointain de la sixième race-racine, il en sera ainsi, une fois de plus, mais cette époque est pour l'instant encore bien éloignée, et nous devons faire de notre mieux, sous des conditions moins favorables. Car l'affection désintéressée est un merveilleux stimulant de l'intuition, et ceux qui aiment réellement leurs enfants, seront rarement en peine de comprendre leurs besoins; une observation aiguë et persistante leur donnera, quoique au prix de beaucoup plus de difficultés, quelque approche de la vue intérieure plus claire de leurs prédécesseurs Atlantes. En tout cas, l'essai est digne qu'on le tente, car une fois que nous avons compris notre vraie responsabilité relativement aux enfants, nous ne trouvons aucun labeur trop grand, qui nous rend aptes à nous en acquitter mieux. L'amour n'est pas toujours sage, nous le savons; mais il est du moins plus sage que la négligence, et parents ou maîtres qui aiment véritablement seront de ce fait même éperonnés à devenir sages pour le bien de leurs enfants.

L'ÉDUCATION RELIGIEUSE

Bien des membres de notre Société, quand ils sentent que leurs enfants ont besoin de quelque chose qui remplace dans l'éducation ordinaire l'éducation religieuse, jugent encore presque impossible de leur enseigner la Théosophie de façon à la leur rendre en tous points intelligible. Quelques-uns ont même permis à leurs enfants de suivre la routine ordinaire de l'enseignement de la Bible, disant qu'autrement ils ne savaient que faire, et que cet enseignement, bien qu'en grande partie faux, pourrait être redressé dans la suite. Si la réelle signification intérieure du Christianisme peut être enseignée à nos enfants, c'est bien, parce qu'alors c'est la pure Théosophie; mais malheureusement, ce n'est pas la forme que prend l'instruction religieuse dans les écoles ordinaires.

Il n'y a aucune difficulté réelle à mettre intelligiblement devant l'esprit de nos enfants les grandes vérités de la Théosophie. Il est inutile de les troubler avec les rondes et les races, avec mulaprikriti et les chaînes planétaires; tout intéressant et plein de valeur pourtant que puisse être tout ce savoir, il est de faible importance dans la règle pratique de conduite, tandis que les grandes vérités éthiques sur lesquelles repose tout le système peuvent heureusement être rendues accessibles, même à la compréhension enfantine. Y a-t-il quelque chose de plus simple en essence que les trois grandes vérités données à Sensa dans « *l'Idylle du Lotus Blanc* »?

« L'âme de l'homme est immortelle, et son avenir, est l'avenir d'une chose dont l'épanouissement et la splendeur sont sans limites.

« Le principe qui donne la vie demeure en nous et hors de nous, est immortel et éternellement bienfaisant, n'est ni entendu, ni vu, ni senti, mais perçu par l'homme qui désire la perception.

« Chaque homme est à lui-même son propre législateur, son dispensateur de gloire ou d'ombre, celui qui décrète sa vie, sa récompense, sa punition.

« Ces vérités qui sont aussi grandes que la vie elle-même sont aussi simples que la plus simple mentalité de l'homme. Nourrissez-en les affamés. »

Nous pouvons exprimer ceci plus brièvement en disant : « L'homme est immortel; Dieu est bon; comme nous semons ainsi nous moissonnerons. »

Certainement, il n'est pas un de nos enfants qui ne puisse saisir ces simples idées dans leurs grandes lignes extérieures, bien que plus tard ils puissent passer plus d'une année dans l'étude de plus en plus approfondie de leur signification immense.

Apprenez-leur la grande, vieille formule que « la mort est la porte de la vie » — non pas un sort terrible à craindre, mais simplement une étape du progrès à accueillir avec intérêt. Apprenez-leur à vivre non pour eux-mêmes, mais pour les autres; à aller par le monde en amis et en aides, ardents en respect aimant, en sollicitude pour tout ce qui vit. Apprenez-leur à se réjouir en voyant et en causant le bonheur des autres, des animaux, des oiseaux aussi bien que des êtres humains; apprenez-leur qu'infliger une souffrance à toute créature vivante est toujours une action mauvaise et que cela ne peut jamais avoir quoi que ce soit d'intéressant ou d'amusant pour un homme civilisé ou pensant sainement.

Les sympathies d'un enfant sont si vite éveillées, et sa joie de faire quelque chose est si grande qu'il répond immédiatement à l'idée qu'il devrait essayer d'aider toutes les créatures qui l'environnent et ne devrait jamais les blesser. On doit lui apprendre à être observateur, afin qu'il puisse voir où il y a besoin d'aide, que ce soit chez un homme ou chez un animal, et donner promptement ce qui est nécessaire, autant que la chose est en son pouvoir.

Un enfant aime à être aimé, et il aime protéger, on peut utiliser à la fois l'un et l'autre de ces sentiments en lui enseignant à être l'ami de toutes les créatures. Il apprendra très vite à admirer les fleurs qui poussent et à ne pas désirer les cueillir insoucieusement, pour les jeter quelques minutes plus tard sur le bord de la route où elles se faneront; celles qu'il cueille, il les cueillera avec soin, en évitant d'abîmer la plante; il les préservera, les soignera, et son chemin à travers les bois et les champs ne pourra jamais être suivi à la trace par les fleurs fanées et les plantes déracinées.

L'ÉDUCATION PHYSIQUE

L'éducation physique des enfants est une question de la plus grande importance, car un corps pur, fort, plein de santé est nécessaire à l'expression complète de l'âme qui se développe à l'intérieur. Apprenez d'abord à l'enfant l'excessive importance de la pureté physique, afin qu'il regarde son bain journalier comme faisant partie aussi intégrale de sa vie que sa nourriture journalière. Veillez à ce que son corps ne soit jamais souillé par les abominations de la sauvagerie moderne, telles que la viande, l'alcool ou le tabac; veillez à ce qu'il ait toujours abondamment de soleil, d'air pur et d'exercice.

Nous avons vu dans un des premiers chapitres combien l'ambiance d'une grande ville est horrible; et si son influence est mauvaise pour les adultes elle est dix fois pire pour les enfants plus sensitifs. La vérité est qu'aucun enfant ne devrait jamais être élevé dans une ville; les gens que leur mauvais Karma oblige à travailler en de tels endroits devraient du moins essayer, si la chose est possible, de vivre à quelque distance à cause de leurs enfants. Il est beaucoup meilleur pour les enfants de les élever à la campagne, même dans une pauvreté relative, que de les laisser grandir au milieu des influences nocives d'une grande ville, sous prétexte de leur amasser de l'argent. Quand la vie urbaine est inévitable, on doit au moins les sortir de la cité aussi souvent que possible et les en tenir éloignés le temps le plus long possible.

Ainsi, votre enfant grandira pur, plein de santé et heureux; ainsi vous fournirez à l'âme qui vous a été confiée un écrin dont elle n'ait pas sujet d'avoir honte, un véhicule à travers lequel elle recevra seulement ce que le monde physique peut donner de plus élevé et de meilleur, un véhicule dont elle pourra se servir pour le plus noble et le plus saint travail.

Les parents enseignant l'enfant, donneront obligatoirement l'exemple en ceci comme en autres choses, de sorte que l'enfant civilisera encore ses aînés en même temps qu'il progressera lui-même. Les oiseaux et les papillons, les chats et les chiens, tous seront ses amis, et il fera ses délices de leur beauté au lieu de souhaiter les détruire ou les chasser. Les enfants éduqués de cette façon deviendront des hommes et des femmes qui reconnaîtront leur place dans l'évolution et leur travail dans le monde, et chacun d'eux sera un centre nouveau de force humanisante qui changera graduellement la direction de l'influence humaine sur les choses inférieures.

Si nous éduquons ainsi nos enfants, si nous nous comportons vis-à-vis d'eux comme il a été dit, nous porterons noblement notre grande responsabilité, et en agissant ainsi, nous aiderons au grand travail de l'évolution; nous ferons notre devoir, non seulement envers nos enfants, mais envers la race humaine, non seulement envers ces egos particuliers, mais envers les millions d'egos qui sont encore à venir.

CHAPITRE XXIII

PAR NOS RELATIONS AVEC LES RÈGNES INFÉRIEURS

LES ANIMAUX DOMESTIQUES

Nous avons vis-à-vis des animaux dont nous nous entourons une responsabilité qu'il ne faut pas oublier. Elle peut revêtir deux formes, ou plutôt deux degrés. Un fermier, dans son exploitation, a affaire à un grand nombre d'animaux que l'on peut qualifier de semi-domestiques. Son devoir à leur égard est évidemment de les nourrir convenablement et de prendre tout le soin possible de leur santé. Il peut lui arriver de s'attacher à l'un d'eux, mais en définitive ses rapports avec eux sont tout à fait généraux, et comme ces animaux sont encore loin de pouvoir s'individualiser, il n'est pas probable que son influence sur eux puisse aller très loin ou être autre chose que générale. Ses rapports avec eux ne sont après tout que des rapports commerciaux, eût-il pour eux autant d'attention que pour des êtres humains.

Le cas est tout à fait différent quand il s'agit des animaux réellement domestiques qui vivent avec nous dans la maison, viennent en contact intime et personnel avec nous. Personne n'est tenu d'avoir un chien ou un chat, mais si on le fait on encourt vis-à-vis de cet animal une responsabilité beaucoup plus grande que celle assumée par le fermier vis-à-vis d'un animal particulier de ses troupeaux. Le possesseur d'un animal domestique ferait preuve d'un égoïsme impardonnable s'il ne pensait qu'au plaisir que lui procure cette possession et non pas aussi au développement de l'animal.

L'animal domestique est en réalité une sorte de jeune

enfant, avec cette différence que l'enfant est déjà un ego, et doit être aidé à acquérir la domination sur ses nouveaux véhicules, tandis que l'animal n'est pas encore un ego séparé et doit être aidé à en devenir un. Le processus d'individualisation d'un animal a été souvent décrit; on peut trouver des notes là-dessus dans le *Précis de Théosophie, L'Occultisme dans la Nature, L'homme visible et invisible,* et *Le Credo chrétien.* Un court examen de ce qui est écrit dans ces livres fera voir de suite quel est notre devoir envers les animaux. Nous devons chercher à développer leur affection et leur intellect, et le facteur principal du développement de ces deux principes est l'affection que nous portons aux animaux.

J'ai parlé tout au long dans *l'Occultisme dans la Nature* (vol. II) des erreurs souvent commises par les hommes dans leurs rapports avec les animaux domestiques. Toutes ces erreurs sont dues à une attitude égoïste envers l'animal, une tentative pour l'employer à la satisfaction de nos mauvaises passions comme, par exemple, quand un chien est exercé à la chasse, et de la sorte mis à faire beaucoup plus de mal que n'en faisaient ses ancêtres sauvages dans la jungle. Car la bête sauvage ne tue que pour se nourrir, lorsqu'elle y est incitée par la faim; mais le chien est dressé à tuer pour le plaisir de tuer, et se trouve par là rabaissé dans l'échelle de l'évolution au lieu d'être élevé.

Entre les deux catégories que constituent les animaux réellement domestiques et les animaux de ferme, nous pouvons placer le cheval, car il vient davantage que les animaux de ferme en contact avec son cavalier, et cependant est loin de posséder l'intelligence du chien ou du chat. Lui aussi doit être traité intelligemment, et, par-dessus tout, avec une bonté qui ne se démente pas. Le cavalier devrait toujours se souvenir que le cheval n'existe pas seulement pour le servir, mais a une évolution propre qui doit être favorisée. Il n'y a rien de blâmable à se servir d'un cheval, car par une telle association nous pouvons développer son affection et son intelligence; mais nous devons toujours le traiter comme on traiterait un domestique humain, et ne jamais oublier son intérêt tandis que nous lui faisons servir le nôtre.

LES OISEAUX

Un étudiant du côté caché de la vie ne peut que désapprouver l'habitude de garder des oiseaux en cage. La pleine liberté et le sentiment des grands espaces libres sont l'essence de la vie de l'oiseau, de sorte que la souffrance qu'il éprouve en captivité est souvent intense et des plus pathétiques. La chose est spécialement marquée dans le cas des oiseaux natifs de nos contrées, et ils devraient certainement être tous remis en liberté.

Les oiseaux exotiques, qui ne peuvent vivre heureux que dans d'autres climats, se rangent dans une catégorie différente. Eux aussi passent la majeure partie de leur temps à se rappeler la splendeur des paysages tropicaux et à soupirer après le pays natal auquel ils ont été arrachés et où ils devraient être renvoyés le plus tôt possible. Mais, ici la faute incombe aux personnes qui les ont capturés, et ceux qui les possèdent maintenant ne partagent cette responsabilité que dans la mesure où leur action l'a rendue profitable. Un étudiant qui sans y réfléchir a fait l'acquisition de ces oiseaux ne peut guère faire autrement que de les conserver, à moins qu'il ne soit à même de les renvoyer dans leur pays natal; mais il devrait les doter de cages plus grandes, et les en laisser sortir pour voler dans l'appartement le plus souvent possible, tandis qu'il devrait certainement s'abstenir d'encourager par d'autres achats un si triste trafic.

Les seules relations raisonnables et utiles que nous puissions établir avec les oiseaux sont celles qui existent parfois à la campagne, alors que l'on place régulièrement de la nourriture à leur intention dans certains endroits où ils viennent la prendre tout en demeurant sous les autres rapports en parfaite liberté. Si un homme veut garder un oiseau, il devrait le traiter exactement comme il traiterait un chat : lui donner suffisamment de nourriture et un lieu d'asile pour le cas où il lui plairait de l'accepter, mais en le laissant par ailleurs libre d'aller où il veut. La difficulté dans ce cas est que l'intelligence de l'oiseau étant bien moins développée que celle du chat, il serait difficile de lui faire comprendre les conditions de l'arrangement. Le meilleur plan est de ne pas s'occuper des oiseaux exotiques, mais de chercher à se concilier l'amitié des oiseaux sauvages du voisinage.

L'individualisation n'est pas possible pour les oiseaux, car ils ne se développent pas selon notre ligne d'évolution; lorsqu'ils ont fini leur évolution en tant qu'oiseaux ils passent directement dans un des ordres supérieurs des esprits de la nature. Cependant la bonté qui leur est témoignée éveille en eux de la gratitude et de l'affection, et aide à leur évolution.

LES PLANTES

Il est une autre direction dans laquelle nous pouvons si nous le désirons exercer une somme notable d'influence, et c'est sur les plantes de nos jardins. Les plantes, comme les animaux, sont promptes à répondre à des soins judicieux et affectueux, et sont visiblement influencées non seulement par ce que nous faisons pour elles physiquement, mais aussi par nos sentiments à leur égard. Quiconque possède la vision astrale se rendra compte que les fleurs se délectent d'un sentiment d'admiration et y répondent. Les sentiments du végétal diffèrent plutôt en degré qu'en espèce de ceux de l'animal ou de l'être humain, et ils sont à peu près à ceux de l'animal ce que ceux-ci sont aux sentiments de l'homme.

L'animal est moins complexe dans ses émotions que l'être humain, mais il est capable d'affection et de haine, de crainte et d'orgueil, de jalousie ou de honte. Quelques animaux semblent aussi posséder le sens de l'humour, ou en tout cas se plaisent énormément à se jouer de bons tours les uns aux autres, et protestent vivement lorsqu'on veut les tourner en ridicule ou se divertir à leurs dépens. Rien ne montre que ces émotions soient chez l'animal relativement moins intenses qu'elles ne le sont chez nous; mais nous pouvons dire que l'animal a moins d'émotions, qu'elles sont moins complexes, et que ses méthodes de les exprimer sont plus limitées.

Si nous descendons dans le règne végétal, nous trouvons que les végétaux n'ont guère de possibilités d'expression; mais nous commettrions une grave erreur en concluant qu'ils n'ont pas de sentiments à exprimer. Les émotions, dans le règne végétal, sont encore une fois beaucoup moins complexes que celles même de l'animal, et sont bien plus vagues, ressemblant à une sorte de sentiment aveugle et instinctif. La manifestation physique principale de celui-ci est le fait bien connu que certaines personnes sont toujours heureuses lorsqu'il s'agit de plantes, tandis que d'autres ont toujours des déboires, même quand les mesures adoptées sont précisément semblables. Cette différence existe partout, mais aux Indes on l'a particulièrement et spécialement remarquée; certaines personnes y sont dites avoir « la main heureuse » et on reconnaît que presque tout ce qu'elles plantent croît même lorsque les conditions sont tout à fait défavorables, et que tout ce qu'elles cultivent est certain de prospérer. Lorsque cette influence sur le règne végétal est générale il ne s'agit pas de préférences personnelles, mais de certaines caractéristiques que possède l'individu, de certaines qualités dans ses véhicules astrals et éthériques, qui sont en général sympathiques aux végétaux, de même qu'il y a des personnes pour lesquelles tous les chiens se prennent immédiatement d'amitié, et d'autres qui sans efforts peuvent maîtriser les chevaux les plus rétifs.

Mais les plantes sont également capables d'attachement individuel, et lorsqu'elles en viennent à bien connaître les gens, elles sont contentes de les voir (ou plutôt de les sentir) dans leur voisinage. Une personne qui déverse sur ses fleurs un courant d'admiration et d'affection évoquera en elles un sentiment de plaisir, d'abord un plaisir général à être l'objet de l'admiration, ce qui pourrait être considéré comme une sorte de germe d'orgueil, puis en second lieu un sentiment de plaisir à l'occasion de la présence de la personne qui admire, sentiment qui est de son côté le germe de l'amour et de la gratitude. Les plantes sont aussi capables de colère et d'antipathie, bien que ne possédant guère les moyens de les manifester.

L'occultiste qui a un jardin aura à cœur de veiller à ce qu'il soit parfaitement et soigneusement entretenu, et de plus il se fera l'ami des fleurs, des arbres et des plantes, ira parfois leur rendre visite, donnant à chacun son dû d'admiration, et ainsi, faisant plaisir à ces humbles organismes il sera lui-même entouré d'un vague sentiment d'affection.

On pourra dire que les sentiments d'un végétal ne peuvent guère avoir suffisamment de force pour valoir la peine d'être considérés. Il est vrai que l'influence exercée par eux sur un être humain est moindre que celle que produiraient les sentiments d'un animal; mais ces influences existent réellement, et bien que les sentiments d'une plante puissent ne pas sembler importants, ceux d'une centaine de plantes commencent à être un facteur méritant attention, et si nous désirons nous créer le meilleur entourage possible, nous ne devons pas négliger nos frères moins développés appartenant aux règnes inférieurs. Ceci même au point de vue purement égoïste; mais l'occultiste pense naturellement en premier lieu à l'effet produit sur la plante.

Lorsque nous créons un jardin nous plaçons autour de nous un certain nombre de membres du règne végétal pour notre agrément; mais en même temps ceci nous offre une occasion de les aider dans leur évolution, une occasion qui ne devrait pas être négligée. Les plantes diffèrent beaucoup dans leur aptitude à recevoir les influences humaines et à y répondre. Un grand arbre, par exemple, avec sa croissance lente et sa longue vie, est capable de contracter un attachement bien plus fort qu'une plante annuelle. Un tel arbre en vient à posséder une personnalité bien marquée, qui lui est propre et peut parfois s'extérioriser temporairement, de sorte qu'elle est susceptible d'être vue par le clairvoyant. D'habitude, en pareil cas, elle assume temporairement la forme humaine, comme je l'ai mentionné dans *l'Occultisme dans la nature* (vol. II). Ceux qui veulent se convaincre qu'il y a dans le règne végétal beaucoup plus d'intelligence que nous ne le pensons habituellement devraient lire le délicieux livre intitulé *The Sagacity and Morality of Plants,* par J. E. Taylor.

LES ESPRITS DE LA NATURE

Cette évolution merveilleuse a été décrite dans un autre chapitre mais plutôt au point de vue de son effet sur nous que du nôtre sur elle. Nous considérerons ici l'autre côté de ces rapports : l'influence que nous pouvons exercer sur les esprits de la nature peuplant le voisinage, et l'amitié que nous pouvons contracter avec eux. Un grand nombre de leurs tribus sont si belles et si intéressantes qu'il vaut la peine de cultiver leur connaissance; nous pouvons d'ailleurs les aider à développer leur intelligence, leur affection, et ainsi leur faire beaucoup de bien. Ceux d'entre eux qui possèdent des corps éthériques ont le pouvoir de se rendre physiquement visibles s'ils le veulent, de sorte que les hommes qui ont le bonheur de se concilier leur sympathie peuvent parfois être récompensés en les voyant avec l'aide de la seule vision ordinaire. Il est aussi probable que ces amis humains peuvent être aidés par les elfes à obtenir des éclairs de clairvoyance temporaire, afin que de cette façon ils puissent les voir.

Une fée a beaucoup de points de ressemblance avec les animaux sauvages, et la méthode pour se concilier son amitié est assez semblable à celle que nous aurions à adopter si nous devions essayer d'apprivoiser des oiseaux ou des daims. Les fées sont timides et méfiantes à l'égard de l'homme. Comment cette méfiance peut-elle être surmontée? La personne qui désire étudier de visu les habitudes d'un oiseau se rend à l'ordinaire dans les lieux que fréquente cette créature, se cache et reste parfaitement immobile, dans l'espoir que l'oiseau ne la verra pas, ou s'il la voit, sera rassuré par son immobilité parfaite. La vision éthérique d'un esprit de la nature perce les murs ou les buissons, de sorte qu'il est inutile de chercher à échapper à son observation; et pour lui l'immobilité la plus importante n'est pas celle du corps physique mais du corps astral. Il est repoussé par les émanations impures de l'homme ordinaire — émanations de viande, de tabac, d'alcool, de malpropreté générale — et évidemment quiconque désire devenir l'ami des esprits de la nature doit être exempt de ces choses. Ils sont aussi repoussés par les tempêtes des passions et de l'impureté, de sorte que l'homme qui les cherche doit aussi être exempt de tout sentiment bas et égoïste, tel que la sensualité, la colère, l'envie, la jalousie, l'avarice ou la dépression.

Ces conditions négatives étant satisfaites, est-il possible de rien faire de positif pour inviter la venue de visiteurs si réservés? Les animaux peuvent souvent être attirés par l'offre de nourriture, mais étant donné que les fées ne mangent pas, cette tentation particulière n'est pas applicable à leur cas. L'étudiant peut procurer aux fées des conditions connues pour leur être agréables. Une affection ou une dévotion forte et altruiste, ou à vrai dire tout sentiment élevé qui brûle régulièrement sans explosions sauvages, crée une atmosphère dans laquelle les esprits de la nature se baignent avec délices.

L'homme — l'homme de la bonne sorte — qui demeure un certain temps dans un endroit agréable et solitaire — peut-être dans un bois, au bord d'un ruisseau ou d'une cascade — et qui se complaît dans des pensées de l'espèce mentionnée ci-dessus, pourra se sentir conscient d'une présence qui ne lui est pas familière, de quelque chose de fascinateur, et cependant étrange et non humain; et peut-être, si la fortune le favorise tout à fait, il pourra même voir aussi bien que sentir, lorsque les timides et sauvages créatures deviendront un peu plus habituées à lui et apprendront graduellement à l'aimer et à avoir confiance en lui. Mais si l'étudiant se souvient que c'est là pour l'esprit de la nature une aventure semblable à celle de la souris qui se fait un ami du chat, ou de l'homme qui essaye d'établir des rapports fraternels avec un tigre dans la jungle, il apprendra à faire preuve d'une patience sans limite, et à ne pas compter sur des résultats immédiats.

Presque tous les esprits de la nature font leurs délices de la musique, et il en est qui sont particulièrement attirés par certaines mélodies; de sorte que si l'expérimentateur se trouve capable de jouer d'un instrument portatif tel que la flûte, il pourra accroître ses chances de succès en le faisant. J'ai vu en Italie un elfe qui était si fasciné par un morceau particulier de musique que lorsqu'on le jouait au piano il quittait le bois où il vivait et venait dans le salon s'en délecter et danser en mesure, ou plutôt se baigner dans les vagues de son, palpiter et se balancer en suivant leur cadence. Mais je ne l'ai jamais vu agir ainsi quand il y avait plus de deux ou trois personnes dans la pièce, et celles-ci devaient même être des amis en qui il avait appris à avoir confiance.

Plus d'une fois, j'ai eu en Sicile le spectacle d'un jeune berger, assis dans un lieu solitaire sur le flanc d'une colline, jouant comme un Grec d'autrefois sur une double flûte de Pan fabriquée par lui, et entouré d'un auditoire admirateur de fées qui s'ébattaient autour de lui. Selon toute probabilité il était béatement inconscient de ses auditeurs, quoique sans doute leur joie dut réagir sur lui et ajouter du brio à son exécution. Cependant, les paysans voient parfois effectivement les esprits de la nature; nombre de cas peuvent se trouver dans le livre de M. Wentz : *Fairy Faith in Celtic Countries* (La croyance aux Fées dans les pays celtiques).

NOTRE ENTOURAGE INANIMÉ

Nous exerçons sans cesse une influence même sur ce que nous considérons habituellement comme étant la partie inanimée de notre entourage. Certaines des choses qui nous entourent ne sont cependant pas tout à fait si inanimées que nous sommes enclins à le penser. Nous savons que la vie divine existe dans le règne minéral tout aussi bien que dans les règnes supérieurs, et que dans ce sens les roches, les pierres et les minéraux peuvent à bon droit être considérés comme vivants. Mais certains objets ont une espèce de vie plus intense et spéciale, dont l'étude est d'un grand intérêt.

Pour expliquer ceci, il nous faut un instant revenir sur une analogie familière. Nous savons comment la vie de l'essence élémentale du corps astral se rassemble en une sorte de personnalité (que nous appelons l'élémental de désir), et existe temporairement en tant qu'être séparé, avec des désirs et des antipathies propres, et une force suffisante pour exercer dans le cours de sa vie un effet considérable sur l'homme dont elle constitue un véhicule.

Nous savons que la conscience analogue qui anime les cellules du corps physique (y compris bien entendu sa partie éthérique) se manifeste par certains mouvements instinctifs. D'une façon semblable, la conscience qui anime les molécules de certains minéraux se combine en un ensemble temporaire lorsque ces molécules sont soudées en une forme définie; et tel est spécialement le cas lorsque cette forme demande la présence et l'attention de l'homme comme le font les machines.

UN NAVIRE

L'exemple le plus parfait de ce que je veux dire est fourni par un navire, car nous avons là une structure formée d'un nombre énorme de parties constitutives, et habituellement de substances diverses. L'histoire de Rudyar Kipling, *The Ship that found herself* (le Bateau qui a trouvé son âme), n'est pas une simple œuvre d'imagination, mais recouvre une vérité réelle et importante. Lorsqu'un navire vient d'être construit, il n'est pas conscient de lui-même en tant qu'unité, et forme un simple agrégat d'un grand nombre de parties sensibles séparées. Mais cette masse deviendra avec le temps une unité de conscience, sera jusqu'à un certain point consciente de soi-même en tant qu'ensemble, quelque obscur et vague que puisse être ce sentiment comparé au nôtre.

Et cette conscience est douée de ce que nous ne pouvons guère décrire autrement que comme des sentiments, tout indistincts qu'ils soient, comparés à ce à quoi nous donnons habituellement cette appellation. Une de ces semi-entités obscures peut certainement (et c'est souvent le cas) aimer une personne mieux qu'une autre de sorte que cette personne pourra en faire ce qu'une autre ne peut pas. Ceci ne va pas à l'encontre du fait que certains individus sont meilleurs marins que d'autres, et avec un peu de pratique peuvent tirer d'un bateau le meilleur parti possible. C'est d'ailleurs ainsi que certains hommes sont de splendides cavaliers et peuvent presque immédiatement établir des rapports amicaux avec n'importe quel cheval; mais en dehors de ceci un cheval peut s'attacher à un certain homme, et apprendre à saisir ses désirs bien plus facilement que ceux d'un étranger. La même chose est vraie de la conscience plus vague du navire. Je ne voudrais pas laisser l'impression que je suggère par ce terme rien de comparable en netteté ou sensibilité à la conscience de l'homme; mais il y a certainement là quelque chose, vague et incertain si l'on veut, mais que seul le terme « conscience » peut décrire.

LES MACHINES

Le même fait est vrai d'une locomotive, d'une automobile ou d'une bicyclette. De même que le conducteur ou le mécanicien s'accoutume à sa machine et apprend à connaître exactement ce qu'elle peut faire, à remédier aux petits tours qu'elle lui joue, de même la machine, de son côté, s'accoutume au conducteur et fera davantage pour lui sous divers rapports qu'elle n'en ferait pour un étranger. Le même fait doit être vrai d'autres machines, bien que pour ces autres cas je n'aie pas eu l'avantage de faire des observations personnelles.

En dehors de l'influence acquise par un individu sur la conscience mixte d'une machine, le simple fait de l'association des parties dont elle est composée produit un effet sur les molécules de la substance dont elle est faite.

Le fer qui a fait partie d'une machine, et a ainsi éprouvé ce qui est pour lui une exaltation de conscience, peut être envisagé comme un peu plus développé que le fer qui n'a pas été employé à construire un système jouissant d'une individualité autonome comme une machine. Il est devenu capable de répondre à des vibrations supplémentaires et plus compliquées, et ceci, pour un minéral, est l'évolution. Un tel échantillon de fer est plus éveillé qu'un autre morceau. Cet état de plus grande vitalité est aisément perceptible par le clairvoyant qui a appris à le discerner, mais je ne connais pas de méthode permettant de le reconnaître physiquement.

Le pouvoir supplémentaire de réponse n'est pas toujours le même et des variantes en peuvent être éveillées de différentes façon. Le fer forgé, par exemple, est beaucoup plus vivant que la fonte, ce résultat étant dû aux chocs répétés qu'il reçoit durant le processus de sa fabrication. Le même effet peut s'observer à un plus haut degré dans un fer à cheval, car non seulement celui-ci a été tout d'abord forgé, mais il a été soumis à des chocs constants sur la route alors qu'il était au pied du cheval. Cette action longtemps continuée l'a éveillé d'une certaine façon qui le rend excessivement antipathique à certaines entités astrales et éthériques des types les plus bas et les plus méchants; et c'est ici la raison à la base de la vieille superstition selon laquelle un fer à cheval usagé, suspendu au-dessus de la porte, éloigne le mal et apporte la prospérité à son possesseur.

Un autre point intéressant concernant cette curieuse conscience composite est qu'après un certain temps elle se fatigue, fait qui a été souvent observé par les personnes qui ont beaucoup à s'occuper de machines. Après quelque temps, la machine, bien qu'en parfaite condition, se met dans un état où elle ne veut pas fonctionner convenablement mais devient pour ainsi dire négligente. Il est souvent impossible de rien faire pour l'amender, mais si on la laisse au repos durant un certain temps, elle retrouvera bientôt son état normal et fonctionnera comme auparavant.

Les métaux montrent visiblement qu'ils sont sujets à la fatigue. Une plume d'acier se mettra parfois à gratter le papier et à mal écrire lorsqu'elle aura été employée durant plusieurs heures consécutivement, mais le scribe qui comprend suffisamment la Nature, mettra de côté cette plume au lieu de la jeter, et peut-être le lendemain la trouvera-t-il meilleure qu'elle n'était auparavant. Un coiffeur constate souvent que son rasoir refuse de prendre un fil bien tranchant, et il lui arrive communément de dire que son instrument est fatigué, et de le mettre au repos. Quelques jours plus tard, ce même rasoir sera en parfaite condition, affilé et tranchant comme il n'a jamais été.

On sait que les locomotives ont besoin d'un repos régulier, et après un certain travail on les remise pour leur permettre de se refroidir; la machine est donc mise au repos aussi régulièrement qu'un être humain. Nous voyons ainsi que la fatigue est au nombre des états auxquels le règne minéral est sujet, et qu'elle peut être ressentie par les métaux aussi bien que par les hommes dans leur corps physique (voir *Response in the living and non-living,* par le professeur J. C. Bose). Il est d'ailleurs de fait que la fatigue n'est ressentie que dans le monde physique.

Il y a des hommes — mais jusqu'à présent je n'en connais que peu — qui sont anormalement chargés d'électricité, et produisent ainsi un effet spécial sur les métaux habituellement en contact avec eux. On dit, par exemple, que ces personnes occasionnent une notable déviation de la boussole des navires lorsqu'elles s'en approchent; mais ceci est physique et ne peut guère être considéré comme occulte.

LES NAVIRES MALCHANCEUX

Un cas curieux de l'intervention du côté caché des choses dans les affaires ordinaires de la vie est fourni par l'expérience des gens de métier dont le témoignage montre que certains vaisseaux ou machines sont ce que l'on appelle malchanceux; c'est-à-dire qu'accidents sur accidents arrivent à leur sujet, sans qu'aucune négligence évidente puisse les expliquer. Naturellement, certaines machines sont mieux faites que d'autres; certains individus sont plus soigneux que d'autres; mais je ne parle pas de cas dans lesquels entre un de ces deux facteurs. Il y a des cas où deux vaisseaux ou deux machines sont parfaitement semblables, et où les hommes qui les conduisent ont les mêmes aptitudes mais où une machine sera toujours heureuse — ou ne sera sujette qu'à une proportion normale d'accidents — tandis que l'autre sera perpétuellement en faute sans raison apparente.

Le fait lui-même n'est pas douteux, et il offre un problème intéressant à l'étudiant de l'occultisme. Je penche à croire que diverses raisons peuvent parfois entrer en jeu pour produire ces résultats. Dans un de ces cas tout au moins la cause paraissait due à des sentiments de haine intense nourris par tout l'équipage contre le premier capitaine du bateau, qui semble avoir été un petit tyran de l'espèce la plus odieuse. Un grand nombre d'hommes étaient sans cesse en train de maudire le capitaine, le bateau et tout ce qui en faisait partie, et cela avec toute la force de volonté dont ils étaient capables; et l'état de leurs sentiments eut ce fâcheux résultat que catastrophe après catastrophe survint au bateau. Lorsque le capitaine fut remplacé, le bateau avait déjà acquis la réputation bien assise d'être malchanceux, de sorte que tous ses équipages successifs l'ont entouré de formes-pensées correspondant à ce sentiment, et qui, assez naturellement, se justifient en continuant la série des accidents.

Dans d'autres cas je pense que les sentiments antipathiques dirigés contre le constructeur du vaisseau ont produit des résultats similaires. Je doute qu'un déversement de force mauvaise puisse en lui-même être suffisant pour occasionner des accidents graves. Mais la vie de tout vaisseau offre un grand nombre de circonstances dans lesquelles un accident n'est bien juste évité que par la vigilance et la promptitude, et où un seul instant de délai ou de négligence suffit pour précipiter une catastrophe. Une masse de formes-pensées comme je les ai décrites serait amplement suffisante pour occasionner ce manque momentané de vigilance ou cette hésitation d'un instant; et cette action serait la ligne la plus aisée que pourrait employer l'influence mauvaise des formes-pensées pour se manifester.

LES PIERRES DES ÉDIFICES

En parlant de nos maisons, j'ai déjà mentionné l'effet que nous produisons constamment sur les murs qui nous entourent et sur les meubles de nos appartements. Il s'ensuit naturellement que la pierre qui a été utilisée pour une construction n'est plus jamais dans le même état qu'une pierre encore dans la carrière. La première, probablement, au cours de bien des années successives a été imprégnée d'influences d'une certaine espèce, et ceci signifie qu'elle est devenue à jamais capable de répondre à ces influences plus facilement que la pierre non utilisée.

Nous aidons ainsi effectivement à l'évolution du règne minéral lorsque nous faisons usage de ces divers matériaux pour nos édifices. J'ai déjà expliqué comment les différentes influences auxquelles nous les soumettons réagissent sur nous; de sorte que tout comme une église rayonne de la dévotion et une prison de la tristesse, de même chaque maison dans le quartier des affaires d'une grande ville rayonne l'anxiété et l'effort, trop souvent associés à la lassitude et au désespoir. Il y a des cas où une connaissance de ces faits sera utile dans les choses les plus prosaïques de la vie physique.

LE MAL DE MER

Nous savons, par exemple, que bien des dames émotionnables sont souvent prises des symptômes du mal de mer aussitôt qu'elles mettent le pied à bord d'un bateau, malgré que la mer soit parfaitement calme et qu'il n'y ait pas d'excuse physique pour la sensation qu'elles éprouvent. C'est sans doute là en partie une auto-suggestion, mais pour la plus grande partie la suggestion vient de l'extérieur. Bien des cabines sont si complètement chargées de la suggestion du mal de mer qu'il faut au nouvel occupant une force mentale considérable pour y résister. Les avantages physiques du grand air ne sont donc pas la seule considération à prendre en compte pour décider une personne sujette au mal de mer à se tenir autant que possible sur le pont.

CHAPITRE XXIV

LES RÉSULTATS DE LA CONNAISSANCE

Connaître quelque chose du côté caché de la nature rend la vie beaucoup plus intéressante pour nous; intéressante surtout pour le clairvoyant qui peut le voir, ou pour le sensitif qui peut le sentir, mais intéressante, quoique à un moindre degré, même pour ceux qui ne peuvent ni le sentir ni le voir directement, et d'une importance égale pour tous, parce que tous influencent et sont influencés, quand bien même ce soit inconsciemment, autant que leur cerveau physique est en cause.

J'ai essayé d'indiquer dans chaque cas que nous avons envisagé, la leçon à tirer, mais je vais ici résumer les résultats. D'abord, et avant toute chose, ce savoir nous apprend le devoir du bonheur, la nécessité de rejeter la dépression et le chagrin, dans les circonstances mêmes qui les produisent le plus volontiers en ceux qui ne savent pas. Mais il nous apprend en même temps que la vie doit être prise sérieusement et ne doit pas avoir pour mobile le plaisir égoïste, mais l'utilité à nos semblables. Nous voyons que nous devons être sur nos gardes contre les influences suspectes, telles que, par exemple, les préjugés de la race, de la religion, de la classe, et le poids de l'opinion publique; que nous ne devons jamais les laisser influencer notre jugement, mais toujours essayer de peser les faits et d'arriver à la vérité par nous-mêmes; que nous ne devons pas nous abandonner sans contrôle, même à une inspiration présumée spirituelle, mais dans ce cas aussi « essayer les esprits » et faire usage de notre bon sens.

Nous apprenons la nécessité du travail ou de l'entraînement systématiques; la futilité de nous offenser ou de nous fâcher, ou de perdre notre sérénité quoi qu'il arrive, et la nécessité d'exercer une surveillance incessante sur nos pensées aussi bien que sur nos paroles et sur nos actions, de peur qu'elles n'attirent autour de nous des influences déplaisantes et n'agissent comme tentations sur nos voisins. Et nous voyons que nous pouvons nous garantir promptement de toutes les influences mentionnées plus haut et en général de toutes les influences indésirables, par la formation de coques, bien que la protection la meilleure soit d'être si rempli de l'Amour divin que celui-ci déborde sans cesse de nous sous forme d'amour pour nos semblables.

Nous apprenons le danger de devenir esclaves des habitudes de l'alcool, de la nourriture carnée ou du tabac; nous apprenons à ne pas participer aux cruautés improprement nommées le sport; nous apprenons que nous devons être attentifs quant à la situation et à la décoration de nos maisons ou de nos chambres, éviter les influences dangereuses (malfaisantes) et prendre soin de toujours inonder nos demeures de soleil et d'air pur; que notre habillement devrait être dicté par les considérations de santé et de bon sens, et non pas simplement par la mode; que ceux qui ont la bonne fortune d'être spécialement en contact avec les enfants doivent les traiter avec une affection, une douceur et une patience extrêmes; que nous devons reconnaître la fraternité de toutes les formes de la Vie Divine dans notre façon de traiter les animaux et les plantes; que nous ne devons jamais rien détruire inutilement que ce soit ce que nous nommons animé ou inanimé, puisque l'occultiste reconnaît et respecte la Vie Divine en toutes choses; nous apprenons que ce que nous sommes, ce que nous pensons, ce que nous faisons, est plus important relativement à son action sur les autres que sur nous-mêmes; que nous devons être de la plus extrême sincérité en pensées et en paroles, et ne jamais prononcer un mot qui ne soit vrai, bienveillant, plaisant et utile; que tout homme possède une certaine quantité de forces dont il est responsable de l'emploi judicieux. Nous apprenons que l'ignorance de la loi n'est pas acceptée comme excuse par la Nature, parce que cette ignorance n'altère pas l'effet de ce que nous faisons; que le mal n'est que l'ombre noire du bien, qu'il est toujours temporaire tandis que le bien est éternel, et que si dans toute chose humaine le bien et le mal sont mélangés, les pouvoirs invisibles emploient le bien jusqu'à l'extrême limite en toutes choses et en chacun.

Ces points que je viens de mentionner ne sont que des spécimens d'une vaste multitude, car toute chose a un côté caché, et vivre la vie de l'occultiste c'est étudier ce côté supérieur et invisible de la Nature, et s'adapter ensuite intelligemment à lui. L'occultiste regarde la totalité de tout sujet qui se présente, au lieu de regarder seulement le côté le plus inférieur, le moins important, il agit alors en accord avec ce qu'il voit, avec ce que dicte le bon sens, et avec la Loi d'Amour qui dirige l'Univers. Par là-même, ceux qui veulent étudier et pratiquer l'occultisme doivent développer en eux-mêmes ces trois biens inestimables : connaissance, bon sens et amour.

Telle est la manière d'agir que nous suggère l'étude du côté caché des choses. Mais rappelons que ce côté caché ne restera pas toujours caché, car chaque jour plus nombreux sont ceux qui apprennent à le comprendre; parce que, petit à petit, dispersés ici et là, plus nombreux sont ceux qui apprennent à le voir. Puisqu'il est évident que c'est là la ligne d'évolution et que les quelques-uns qui voient maintenant sont seulement les précurseurs de la multitude qui verra dans un état futur, que peut-on prédire, à la lumière de ces considérations, comme avenir probable de l'humanité?

L'AVENIR

La spéculation ingénieuse sur ce sujet est un trait dominant de notre fiction moderne. Elle fut tentée par Edouard Bellamy dans *Regardant en arrière* (Looking Backward) et plus récemment par Mr. H. G. Wells dans plusieurs ouvrages singulièrement intéressants. La direction la plus habituellement prise est de suivre jusqu'à une conclusion logique quelques-unes des nombreuses théories socialistes qui sont aujourd'hui dans l'air, et de tâcher de supputer comment elles travailleront en pratique, parmi les hommes tels que nous les connaissons. Dans un des plus plaisants de ces livres, Mr. Wells introduit hardiment un facteur entièrement nouveau — une modification dans la constitution de notre atmosphère qui soudainement inocule à la race humaine le bon sens et les sentiments fraternels. Une fois ceci accompli, naturellement beaucoup d'autres changements évidents apparaissent : la guerre devient une impossibilité ridicule, notre système social actuel est regardé avec horreur et stupéfaction, nos méthodes d'affaires sont mises à l'écart comme indignes des êtres humains, et ainsi de suite. Nous pouvons certainement espérer l'arrivée dans la vie réelle de tout ce bon sens, mais il viendra probablement beaucoup plus lentement que dans l'histoire de Mr. Wells.

Il peut être intéressant de voir quelle lumière jette sur le problème de l'avenir l'extension plus élevée de la conscience humaine dont nous avons parlé ailleurs. Nous trouvons que de ce point de vue l'avenir se divise en trois parties : l'immédiat, le lointain et l'ultime; et, chose assez bizarre, c'est du plus éloigné que nous pouvons parler avec la plus grande certitude, parce que le plan de l'évolution est visible à la vue supérieure, et son but est clair. Rien ne peut empêcher que ce but soit atteint, mais les étages qui y conduisent peuvent être modifiés largement par la libre volonté des individus en question, et ils ne peuvent par là-même être prévus que dans leur ligne extérieure générale.

La fin, autant qu'il est question de ce cycle, est l'accomplissement de la perfection de l'homme. Chaque individu est destiné à devenir beaucoup plus que ce que nous entendons aujourd'hui par un grand homme et un homme de bien, car il est destiné à devenir parfait en intelligence et en capacité aussi bien qu'en spiritualité. Tout l'entendement du plus grand philosophe ou du savant, et beaucoup plus; toute la dévotion et la spiritualité du plus grand des saints et plus encore;

tout ceci deviendra la possession de chaque unité de l'humanité avant que finisse notre cycle.

Pour comprendre comment un résultat aussi stupéfiant peut être possible, il nous faut saisir le plan d'après lequel l'évolution travaille. Evidemment avec la théorie ordinaire de notre pauvre petite vie de soixante-dix ans, suivie d'une éternité de joie ou de souffrance sans but, rien de semblable ne pourrait jamais s'accomplir; mais quand une fois nous avons compris que ce que nous appelons communément notre vie n'est qu'un jour dans la vie réelle, et que nous aurons autant de ces jours qu'il en faudra pour notre développement, nous voyons que le commandement du Christ : « Soyez parfaits comme votre Père Céleste est parfait » n'est pas une vaine hyperbole, mais un ordre manifeste, auquel nous pouvons raisonnablement espérer être capables d'obéir en temps voulu.

L'avenir ultime est donc pour tout être humain, si bas ou si peu développé qu'il soit à l'heure actuelle, la perfection. L'homme deviendra plus que l'homme. C'est ce que voulait dire dans l'Eglise primitive, la doctrine de la « déification » à laquelle beaucoup des Pères se réfèrent. C'est non pas une affaire de pieuse opinion, mais d'absolue certitude pour ceux qui voient le travail du système.

Evidemment, pourtant, nous sommes encore très loin d'atteindre ce but; un long sentier montant s'étend devant nous avant de parvenir à ce sommet lointain, et quoique dans l'ensemble il s'élève régulièrement, il y aura nécessairement dans l'avenir beaucoup de hauts et de bas infimes, comme il y en a eu dans le passé. L'histoire nous montre que jusqu'à présent l'avancement de l'humanité à été cyclique dans son caractère.

Chaque unité vit sa longue série de vies progressives, non dans une seule race, mais dans beaucoup de races successives, afin d'apprendre de chacune d'elles les leçons particulières qu'elle a à enseigner. On peut imaginer une âme s'incarnant dans l'Inde ancienne pour développer la ferveur religieuse, dans la Grèce classique pour acquérir les capacités artistiques, dans la

Rome des Césars pour apprendre le pouvoir immense de la discipline et de l'ordre, parmi nous-mêmes aujourd'hui pour acquérir les habitudes d'esprit scientifique, et ainsi de suite.

La même multitude d'âmes passe à travers les âges, animant toutes ces races tour à tour, et apprenant de toutes; mais les races elles-mêmes surgissent, grandissent, déclinent et tombent suivant la nécessité du moment. Aussi, lorsqu'une nation perd sa gloire ancienne et tombe à l'arrière plan dans une race (comme semble l'avoir fait par exemple la Grèce moderne comparativement à la Grèce antique), cela ne signifie pas qu'un certain groupe d'hommes est en décadence, mais qu'il n'y a pour le moment pas d'âmes ayant besoin précisément du genre d'éducation que donnait cette race à son point culminant, ou encore, que cette éducation est maintenant donnée ailleurs.

En conséquence, les corps physiques des descendants de ces grands hommes de l'antiquité sont maintenant animés par des âmes d'un type inférieur, tandis que les grands hommes eux-mêmes sont à présent (comme ils l'étaient d'ailleurs) au premier rang de l'évolution, mais incarnés en quelque autre race afin de devenir plus grands encore en se développant dans de nouvelles directions. Une race meurt, précisément comme pourrait mourir une classe à une université, s'il n'y avait un jour plus d'étudiants pour apprendre le sujet particulier qu'elle enseigne.

La clairvoyance nous donne la possibilité d'examiner une section de l'histoire du passé de la terre plus vaste que celle qu'on peut atteindre par les voies ordinaires; et cette étude plus complète du passé permet jusqu'à un certain point de prévoir par analogie quelques-uns des pas dans l'avenir le plus immédiat. D'après cette étude des archives, il apparaît très certain que nous passons en ce moment par une période de transition, et qu'au lieu de représenter, comme nous aimons souvent à l'imaginer, le développement le plus haut qu'on ait jamais vu sur la terre, nous sommes en réalité entre deux vagues de progrès. La tendance démocratique dont quelques-uns de nous sont si fiers, ne représente pas, comme on le suppose généralement, l'ultime réalisation de la sagesse humaine, mais est une expérience qui fut tentée entièrement, il y a quelques milliers d'années et, menée à sa conclusion logique, abandonnée dans l'universel dégoût, comme irrationnelle, inexploitable et menant à une confusion sans fin. Si nous devons renouveler le cours de cette expérience, il semble désagréablement certain que nous aurons à traverser en grande partie cette confusion et ces souffrances, une fois encore, avant d'arriver au stade du bon sens que décrit si heureusement Mr. Wells dans l'histoire mentionnée précédemment.

Mais quand cette folie sera passée et que la raison commencera à se réaffirmer, il est manifeste que nous aurons devant nous une période de progrès beaucoup plus rapides où nous saurons profiter de beaucoup d'aides qui ne sont pas maintenant à notre disposition. Le seul fait que l'emploi des facultés supérieures se répand petit à petit dans l'humanité, fera plus tard une différence presque incalculable en bien des sens.

Imaginez des conditions dans lesquelles toute déception, toute fraude seront impossibles, dans lesquelles les incompréhensions ne pourront plus arriver, parce que tous les hommes pourront lire la pensée les uns des autres — dans lesquelles personne ne sera contraint de faire un travail pour lequel il n'est pas qualifié, parce que dès le début les parents et tuteurs pourront voir exactement les capacités de ceux qui sont confiés à leurs soins — dans lesquelles un docteur ne pourra plus faire d'erreurs parce qu'il verra exactement par lui-même la maladie de son patient et pourra surveiller en détail l'action de ses remèdes. Pensez à la différence que cela fera dans nos vies quand la mort ne nous séparera plus de ceux que nous aimons, parce que nous verrons alors le corps astral comme nous voyons le corps physique; quand il sera devenu impossible aux hommes de douter désormais de la réalité du plan Divin, parce que ses étages inférieurs seront visibles à leurs yeux. L'art et la musique même seront alors plus grands, car les couleurs et les harmonies astrales seront à notre disposition, comme le sont celles que nous connaissons maintenant.

Les problèmes de la science seront résolus car les vastes additions au savoir humain uniront toutes ses branches en un seul système parfait. La géométrie et les mathématiques seront beaucoup plus satisfaisantes parce que nous verrons alors ce qu'elles signifient réellement et quelle part elles tiennent dans le système splendide des mondes. La géométrie telle que nous l'avons en ce moment, n'est qu'un fragment, une préparation exotérique à la réalité ésotérique. Le premier pas vers cette science, étant donné que nous avons perdu le vrai sens de l'espace, est la connaissance de la quatrième dimension. Par exemple, il y a cinq, et seulement cinq solides réguliers possibles, ceux qu'on nomme quelquefois les Solides de Platon; ceci est pour nous un fait intéressant, rien de plus, mais l'étudiant qui a été initié aux Mystères sait qu'avec un point à l'une des extrémités des séries et une sphère à l'autre, ces solides font un ensemble de sept qui a une signification mystique expliquant le rapport l'un à l'autre des différents types de matière dans les sept plans de notre Système Solaire, et le pouvoir des forces qui jouent à travers.

Envisagés seulement du plan physique, étudiées comme fins en elles-mêmes au lieu d'être étudiées comme moyens, la géométrie et les mathématiques resteront toujours incomplètes, semblables à de magnifiques avenues qui ne mènent nulle part.

Chaque trait de la vie aura des proportions plus étendues, plus complètes, parce que nous verrons d'une façon plus étendue ce monde superbe et merveilleux qui est notre lot; comprenant davantage, nous ne pourrons qu'admirer et aimer davantage, ainsi nous serons infiniment plus heureux à mesure que régulièrement nous nous élèverons vers cette perfection ultime qui est le bonheur absolu, parce qu'elle est l'union avec l'Eternel Amour.

CHAPITRE XXV

LE CHEMIN DE LA CLAIRVOYANCE

Je sais que bien des gens trouveront difficile à admettre la majeure partie de ce que j'ai écrit. Je sympathise avec eux, comprenant à quel point presque tout cela m'eut semblé fantastique, à moi aussi, avant d'avoir étudié ces choses ou avant que j'aie pu les voir par moi-même. Je sais aussi que, sans suspecter le plus légèrement ma bonne foi, beaucoup douteront que j'aie vu clairement ces choses et que je les rapporte avec exactitude. Un ami me fit une critique assez originale, disant :

« Il semble que vous ayez écrit tout ceci pour justifier vos propres particularités, car les choses que vous recommandez ici sont justement celles par où vous différez de beaucoup d'autres gens. »

L'ami confondait la cause et l'effet; si je fais ou si j'essaie de faire les différentes choses que j'ai prescrites, c'est justement parce que j'ai vu, relativement à elles, ce que j'ai décrit dans le livre. Si pourtant il y en a, et il peut y en avoir, qui trouvent ces choses difficiles à croire, je leur dirai seulement que le meilleur moyen d'avoir corroboration des Idées Théosophiques quelles qu'elles soient est de travailler avec elles, car alors on s'apercevra bientôt qu'elles font elles-mêmes leur preuve.

Tout homme a le pouvoir de développer les facultés au moyen desquelles tout ceci a été vu, et il n'y a aucun mystère à la méthode à employer pour arriver à un tel développement. Ces facultés viendront inéluctablement à chacun dans le cours de son évolution, mais les hommes sont pour la plupart à une grande distance encore du point où il est vraisemblable qu'ils s'ouvriront, bien que des lueurs éparses de clairvoyance ne soient en aucune façon rares, et que beaucoup de gens aient du moins une certaine sensibilité.

Ne me comprenez pas mal quand je dis que l'homme ordinaire est encore bien loin de la probabilité de posséder ces sens supérieurs. Je ne veux pas dire que ce soit parce qu'il n'est pas assez bon, car ce n'est pas du tout une question de bonté, bien qu'en vérité si un homme de tendances impures ou cruelles acquérait de telles facultés, il ferait avec elles beaucoup plus de mal que de bien, tant à lui-même qu'à tout autre. Je veux dire que la tendance même de la vie et de la pensée modernes est défavorable à une telle ouverture et que celui qui désire la tenter doit s'abstraire en grande partie de la vie du monde et se placer dans une atmosphère totalement différente.

Une vie telle que je l'ai prescrite en ce livre est précisément celle qui pourrait mettre un homme dans des conditions favorables à la venue de ces facultés; et il n'est pas difficile de voir combien en est loin la vie ordinaire des jours présents. C'est pourquoi il semble sans espoir de suggérer à l'homme moyen qu'il pourrait entreprendre la tâche de développer ces pouvoirs. Ils sont indubitablement à sa portée; mais se mettre dans les conditions d'où il pourrait tenter vers eux un effort réel, représente déjà un changement radical dans la vie qu'il est accoutumé de vivre. Et même alors, quand il a graduellement évincé de son corps tous les produits empoisonnés de la viande, de l'alcool, du tabac, quand il a élevé ses aspirations du plus bas jusqu'au plus haut, quand il s'est débarrassé de toutes traces de soi-conscience ou d'impureté, même alors, l'effort nécessaire dépasse ce que peuvent faire bien des gens.

Le résultat éventuel est aussi certain que la résolution d'un problème d'Euclide, mais cela peut demander un temps très long et cela nécessite une détermination de fer, une volonté indomptable, facultés qui à l'heure présente ne sont l'apanage que de très peu de gens.

Néanmoins, « ce qu'un homme a fait, un homme peut le faire » s'il en a la volonté; moi-même qui écris, j'ai réussi, et j'en ai connu d'autres qui ont réussi; et tous ceux qui ont gagné ce prix sentent qu'il est digne, et plus encore, de tous les efforts déployés pour l'obtenir. Laissez-moi donc conclure mon livre par un exposé complet, fait aussi simplement que possible, de ce que sont ces pouvoirs au moyen desquels je l'ai écrit; laissez-moi dire pourquoi ils sont désirables, et comment on peut les acquérir.

Le poisson est, comme l'homme, un habitant de notre globe; mais il est évident que sa conception de ce monde doit être extrêmement imparfaite. Confiné comme il l'est dans son seul élément, que peut-il savoir de la beauté des paysages, de la gloire des couchants, des intérêts étendus et variés de notre complexe vie humaine? Il vit sur un globe dont il ne sait presque rien; malgré quoi il est sans aucun doute parfaitement satisfait, et pense que ce qu'il sait représente tout ce qu'il y a à savoir.

Ce n'est pas flatteur pour notre vanité, mais c'est un fait absolu qu'en majorité les hommes sont précisément dans la position du poisson. Ils vivent dans un monde dont un seul petit département est à la portée de leur vue; cependant, ils sont tout à fait contents ainsi, et sont d'habitude d'une ignorance totale ou d'une incrédulité farouche quant à la vie plus vaste et plus grande qui les environne de toutes parts.

Comment avons-nous la connaissance de cette vie plus étendue? Non seulement par la révélation religieuse, mais parce que certains hommes ont appris à voir, non pas vraiment la totalité de notre monde, mais du moins beaucoup plus que n'en voient le commun des mortels. Ces hommes sont ceux que nous nommons « voyants » ou « clairvoyants ».

Comment peuvent-ils voir plus que les autres? Par l'ouverture de certaines facultés latentes, facultés que chacun de nous possède, mais dont jusqu'à présent quelques-uns seulement savent se servir. Tout homme a d'autres véhicules faits de matière plus belle que la matière physique, ce que saint Paul nomme un « corps spirituel » aussi bien qu'un « corps naturel ». De même qu'à travers les sens nous percevons les choses physiques, de même à travers ce que nous pouvons appeler les sens de ces corps plus beaux nous percevons les choses supérieures.

Les avantages de cette vue sont multiples. Pour qui la possède, la plupart des problèmes de la vie sont résolus; ce n'est plus une question de foi, mais de connaissance, que l'homme survit à ce qu'on nomme la mort, que la Justice éternelle gouverne le monde, qu'il n'y a pour quiconque aucune possibilité de perdition finale, et qu'aussi trompeuses que soient les apparences, tout concourt au bien.

Le voyant peut non seulement apprendre beaucoup plus que les autres, il peut aussi être beaucoup plus utile que les autres à ses semblables.

Puisque la clairvoyance est si désirable, puisqu'elle est en chacun de nous à l'état latent, nous est-il possible de la développer? Oui, certainement, si nous voulons nous en donner la peine; mais, pour la plupart des hommes, la tâche n'est pas légère, car elle signifie contrôle de soi, abnégation, persévérance et unité de vue. D'autres hommes l'ont fait, donc vous pouvez le faire, mais vous ne le pouvez que si vous êtes prêts à jeter toute votre force dans l'effort, avec la détermination inébranlable de réussir.

Les mobiles aussi doivent être purs et bons. L'homme dont l'enquête est excitée purement par la curiosité ou par le mauvais désir de gagner pour lui-même des avantages ou des richesses, fera bien de prendre garde à temps et d'abandonner strictement tout exercice occulte jusqu'à ce que sa croissance mentale et morale soit plus avancée. Car pouvoir et savoir additionnels signifient responsabilité additionnelle, et la vue supérieure peut être une malédiction au lieu d'un bienfait pour qui n'y est pas prêt.

Il y a de nombreux moyens d'ouvrir la vision intérieure, mais la plupart sont pleins de danger et décidément à éviter. Il y a l'emploi de certaines drogues, l'auto-suggestion et le mesmérisme; mais toutes ces méthodes peuvent amener des résultats si mauvais qu'ils contrebalancent de bien loin les avantages. Il y a cependant un processus qui jamais, en aucune façon, ne peut nuire, et c'est celui du contrôle de la pensée et de la méditation. Je ne dis pas que l'entreprise soit aisée; au contraire, elle est excessivement difficile; mais je dis que c'est faisable par un effort résolu, parce que cela a été fait.

L'homme qui désire tenter cela doit commencer par acquérir le contrôle sur son esprit — tâche herculéenne en elle-même. Il doit apprendre à se concentrer sur tout ce qu'il fait de façon à tout faire aussi bien que possible. Il doit apprendre à manier son esprit comme le maître d'armes habile manie son arme, la tournant en telle ou telle direction et la tenant aussi fermement qu'il le désire. Essayez de garder votre attention fixée sur un sujet déterminé, pendant cinq minutes; avant que la moitié de ce temps soit écoulé, vous verrez que des pensées errantes se sont glissées à votre insu et que l'attention a pris son essor bien au delà des limites que vous lui aviez assignées. Cela signifie qu'elle n'est pas parfaitement sous votre contrôle, et remédier à cet état de choses sera votre premier pas — en aucune façon un pas facile.

Seule la pratique constante vous donnera ce pouvoir; mais heureusement la concentration peut être exercée au long du jour, dans les affaires aussi bien que pendant les heures de loisir. Si vous écrivez une lettre, fixez votre attention sur cette lettre de manière à écrire celle-ci très clairement, et vite. Si vous lisez un livre, fixez votre attention sur ce livre, de façon à pouvoir saisir entièrement ce que l'auteur a voulu dire et à gagner tout ce qu'il eut l'intention que vous gagniez.

Vous serez très aidé si, en plus de cette concentration pratique dans le cours ordinaire de la vie, vous réservez chaque jour un certain temps à un effort spécial dans cet ordre d'idées. Le début de la matinée est le moment qui convient le mieux mais, de toute façon, ce doit être à un moment où vous pouvez avoir la certitude de ne pas être dérangé, et toujours à la même heure, car la régularité est l'essence même de la prescription. Asseyez-vous tranquillement et ayez l'esprit parfaitement calme; l'agitation ou l'ennui, quels qu'ils soient, sont absolument fatals au succès. Tournez alors votre esprit sur un sujet choisi préalablement, considérez-le avec attention et jusqu'à épuisement, ne permettant jamais à vos pensées de s'en écarter même dans la plus faible mesure, même un seul instant. Bien entendu, au début, elles voudront s'écarter; mais chaque fois vous devrez les ramener et repartir. Vous préférerez au début, les sujets concrets; c'est seulement après beaucoup de pratique que les plus abstraits pourront être considérés avec profit.

Quand, après une longue habitude, tout ceci vous sera devenu parfaitement familier, quand vous aurez atteint le pouvoir de la concentration, et quand votre esprit sera bien sous votre contrôle, vous pourrez faire un autre pas. Vous choisirez maintenant comme sujet de votre méditation matinale l'idéal le plus élevé que vous connaissiez. Quel que soit cet idéal, peu importe, car nous avons affaire maintenant avec des principes et non plus avec des formes extérieures. L'Hindou prendra Shri Krishna, le Mahométan Allah, le Parsi Zoroastre, le Bouddhiste le Lord Bouddha et le Chrétien le Seigneur Christ, ou s'il est catholique, peut-être la sainte Vierge ou l'un des saints. Cela n'a aucune importance, autant que l'idéal éveille en l'homme toute l'ardeur, la dévotion, le respect dont il est capable. Qu'il le contemple avec extase jusqu'à ce que son âme soit pleine de sa gloire et de sa beauté; et alors, déployant toute la force que lui a donnée la longue pratique de la concentration, qu'il fasse résolument un effort pour élever sa conscience à cet idéal, pour s'absorber en lui et ne plus faire qu'un avec lui.

Il peut faire cet effort plusieurs fois et ne pas réussir; mais s'il persévère, et si sa tentative est faite en toute sincérité et en tout désintéressement, un temps viendra où il verra soudain qu'il a réussi, où l'aveuglante lumière de la vie supérieure éclatera sur lui, où il réalisera cet idéal mille fois mieux qu'il ne l'avait fait jusque-là. Après quoi, il retombera dans la lumière des jours habituels, mais il ne pourra plus oublier cet éclair momentané, et même s'il ne va pas plus loin, la vie n'aura plus jamais pour lui l'aspect qu'elle avait auparavant.

Mais s'il persiste dans son effort, ce splendide éclair de gloire reviendra de plus en plus souvent, demeurera chaque fois plus longtemps avec lui, jusqu'à ce qu'enfin il soit capable d'élever sa conscience à ce niveau supérieur aussi souvent qu'il le désirera — et aussi d'observer, d'examiner et d'explorer cette phase de vie exactement comme il le fait à présent de la vie ordinaire; il entrera ainsi dans les rangs de ceux qui *savent* au lieu de deviner ou d'espérer vaguement, et il deviendra dans le monde une puissance de bien.

RENSEIGNEMENTS

La Société Théosophique est un organisme composé d'étudiants appartenant, ou non, à l'une quelconque des religions ayant cours dans le monde. Tous ses membres ont approuvé, en y entrant, les trois buts qui font son objet; tous sont unis par le même désir de supprimer les haines de religion, de grouper les hommes de bonne volonté, quelles que soient leurs opinions, d'étudier les vérités enfouies dans l'obscurité des dogmes, et de faire part du résultat de leurs recherches à tous ceux que ces questions peuvent intéresser. Leur solidarité n'est pas le fruit d'une croyance aveugle, mais d'une commune aspiration vers la vérité, qu'ils considèrent, non comme un dogme imposé par l'autorité, mais comme la récompense de l'effort, de la pureté de la vie et du dévouement à un haut idéal. Ils pensent que la foi doit naître de l'étude ou de l'intuition, qu'elle doit s'appuyer sur la raison et non sur la parole de qui que ce soit.

Ils étendent la tolérance à tous, même aux intolérants, estimant que cette vertu est une chose que l'on doit à chacun et non un privilège que l'on peut accorder au petit nombre. Ils ne veulent point punir l'ignorance, mais la détruire. Ils considèrent les religions diverses comme des expressions incomplètes de la Divine Sagesse et, au lieu de les condamner, ils les étudient.

Leur devise est Paix; leur bannière, Vérité.

La Théosophie peut être définie comme l'ensemble des vérités qui forment la base de toutes les religions. Elle prouve que nulle de ces vérités ne peut être revendiquée comme propriété exclusive d'une église. Elle offre une philosophie qui rend la vie compréhensible et démontre que la justice et l'amour guident l'évolution du monde. Elle envisage la mort à son véritable point de vue, comme un incident périodique dans une existence sans fin et présente ainsi la vie sous un aspect éminemment grandiose. Elle vient, en réalité, rendre au monde l'antique science perdue, la *Science de l'Ame*, et apprend à l'homme que l'Âme c'est lui-même, tandis que le mental et le corps physique ne sont que ses instruments et ses serviteurs. Elle éclaire les Ecritures sacrées de toutes les religions, en révèle le sens caché, et les justifie aux yeux de la raison comme à ceux de l'intuition.

Tous les membres de la Société Théosophique étudient ces vérités, et ceux qui veulent devenir Théosophes, au sens véritable du mot, s'efforcent de les vivre.

Toute personne désireuse d'acquérir le savoir, de pratiquer la tolérance et d'atteindre à un haut idéal, est accueillie avec joie comme membre de la Société Théosophique.

SIEGE DE LA SOCIETE THEOSOPHIQUE DE FRANCE

4, *Square Rapp, Paris* (*VII*e).

Buts de la Société

1° Former un noyau de fraternité dans l'humanité, sans distinction de sexe, de race, de rang ou de croyance.

2° Encourager l'étude des religions comparées, de la philosophie et de la science.

3° Etudier les lois inexpliquées de la nature et les pouvoirs latents dans l'homme.

L'adhésion au premier de ces buts est seule exigée de ceux qui veulent faire partie de la Société.

Pour tous renseignements s'adresser au secrétaire général, au siège de la Société, tous les jours de 3 à 6 heures, sauf le dimanche.

COURS — CONFERENCES — BIBLIOTHEQUE — LIBRAIRIE

MAISON D'EDITION

L'Émancipatrice, imp. coop., 3, rue de Pondichéry, Paris-15e. — 12087-2-28.

www.ingramcontent.com/pod-product-compliance
Ingram Content Group UK Ltd.
Pitfield, Milton Keynes, MK11 3LW, UK
UKHW022056260726
13993UKWH00001B/154

9 782329 195261